英文読解術

Mr. Know-All

東大名誉教授と
名作・モームの『物知り博士』で学ぶ

williamsomersetmaugham

行方昭夫 著

Gakken

はじめに

　シリーズ二作と同じく、本書『英文読解術』も英語をきちんと読む力を向上させたいと願う読者の方々のために執筆しました。学習の材料にモームの傑作短編を用いたのも同じです。ですが、前二作がある程度まで学習が進んでいる読者を念頭に置いていたのに対し、本書は、これから再入門しようと志している年配の人、中学英語から高校英語への橋渡しの段階で挫折したので基礎固めをやりたいと思っている若い人などを念頭に置いて書きました。英文読解の初心者にも気軽に取り組みやすい本となるよう、従来にない、次のような工夫をしています。

1. 原文についての設問を設けました。

　英文の解説が、たんたんと読み物風に書かれていると、「なるほどそうか、わかった」と頷きつつ、読み流してしまうことがあります。他人が原文を読み、分析して、訳す過程を遠くから観察するだけでなく、自分自身でも読解の作業に参加して欲しいのです。設問があると、一呼吸おいて、本気で原文に取り組む気分が出てくるのではありませんか？　設問の種類と形式も、原文の該当箇所に一番適切なものを選びました。

2. 解説の随所に、生徒からの質問を想定して、Q & Aを用意しました。

　小人数のゼミや講習会などで、先生が説明している最中に、「あ、そこのとこ、前から聞きたかったんだ！」と思ったことはありませんか？　説明の邪魔をしてはいけませんが、先生が一息入れた段階でな

ら質問してもいいですね。優しい先生なら、聞きたい時に、質問を許してくれるでしょう。本書では解説の随所にＱ＆Ａのコーナーを設け、先生に質問しながら授業を聞いている感覚を再現してみました。

3. 英語よろず相談室を開設しました。

『物知り博士』の読解が終わった後には、他の英語の作品を読むのにも必要な読解力をつけたいと願う人が知りたいような質問、英語でいうと frequently asked questions（しばしば尋ねられる質問）を想定した10個の質問に、対話形式で回答する「英語よろず相談室」（その１）を開設しました。

　また、「英語よろず相談室」（その２〜その４）では、個別の大きな質問にじっくり答えています。英語講習会などでの質疑応答の際に、年配の再入門希望者から、「文法は昔やって漠然と覚えているし、また今さら受験参考の文法書を勉強するのも抵抗があるので、読むのにどうしても必要な事項だけ知りたい」と質問されたことがあります。その回答として、必要最低限の文法知識を簡潔に書きました。また、別の再入門希望者からの、「普通の英文和訳の学び方は一応心得ているつもりなので、普通の英文和訳の参考書に説かれていない裏ワザを教えて」という要望に応えて、裏ワザを披露しました。私自身が行い、教え子にも勧め、効果が上がったものですが、あくまで相性があるので、成功するかどうかは本人次第です。さらに、私自身がどうやって英語を学習してきたかを問う若い人のために、私の中１から高３までの英語学習の歩みを、読み物風に書きました。今とは違う昔のことですが、読者が「これ自分もやってみようかな」などとヒントを得てくだされば幸いです。

　なお前二作の場合と同じく、文法上の解説に関しては、全面的に故江川泰一郎先生の『英文法解説』（金子書房、1953、1991）を活用さ

せて頂きました。一生役に立つ名著ですので、是非同書の購入を勧めます。私自身が英語を読んでいて、文法上の疑問を持った時、常に本書で調べてきました。的確な回答が得られなかったことが一度もない、驚くべき書物です。

　英会話中心の学習に物足りなさを覚えて、読む力を本気でつけようと願うあらゆる年齢の方が、本書によって、その希望を叶えられますように切に祈ります。

行方昭夫

本書は2017年に（株）ディーエイチシーより刊行された名著『東大名誉教授と名作・モームの『物知り博士』で学ぶ英文読解術』に一部修正を加え、レイアウト、イラスト等を描きなおしリニューアルしたものです。

Contents

本書の使い方

■ 本書は左開きで短編小説Mr. Know-Allをテキストに、楽しく問題を解きながら英文読解を学び、さらには『英語よろず相談室Q and A』で、英文読解の素朴な疑問や、意外な英語の学習法を行方先生からやさしく教えてもらうことができます。また、右開きで“翻訳版『物知り博士』”、“『物知り博士』をどう読むか”が楽しめる構成になっています。なお、“翻訳版『物知り博士』”は、本文中の「訳」からさらに表現を磨き上げた完成版となっています。本文の「訳」と見比べてみると、「読解」からもう一歩進んだ、「翻訳」の学習にもなりますよ。

■ 英文読解は、Mr. Know-Allを独自に3つのセクションに分け、さらにセクションを分割し、英文に沿った問題を解き進めながら学習していきます。それでは、学習の進め方を見ていきましょう。

1 この枠の中にある英文をひとかたまりとして学習していきます。Section 1、2は短めの分量となっています。まずは、今回学習する概要を日本語で読み、次に英文を読んでみましょう。

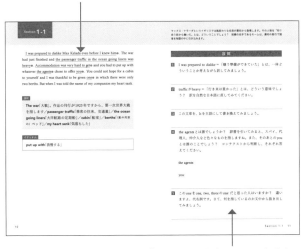

2 英文を見ながら、バラエティ豊かな設問を解いていきましょう。実際に手で書いて問題を解くことが大切です。お手持ちのノートに書いても、本のページにそのまま書き込んでも大丈夫です。

3 該当部分の英文を全文載せてありますので、出題ページに戻らずに確認することができます。

4 問題の答えと、行方先生による丁寧な解説を見ながら、自分の答えを添削してみましょう。

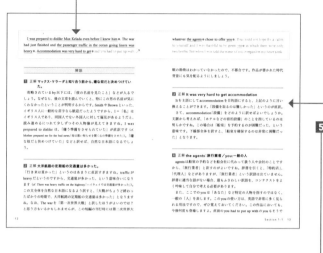

5 授業の途中だけど、ちょっと気になることがある！先生に質問したい！という、リアルな要望を反映したQ and Aを随所に挿入。行方先生の英文読解の授業を、実際に受けている気分を味わえます。

6 最後に該当部分の全訳を確認。自分でも実際に訳してみて、先生の訳と比べてみましょう。

■ **表記について**
訳部分において、一部、差別用語とも受け取れる表現が使われていますが、文学上、作品のオリジナリティを尊重するため原語に近い訳を採用していますのでご了承ください。差別を助長する意図は一切、ありません。

■ **解説中の記号について**
江川 ⇒ 『英文法解説 改訂三版』江川泰一郎著・金子書房

I should have looked upon it
with less dismay if my fellow
passenger's name had been
Smith or Brown.

もし相手がスミスとかブラウンとかいう名前だったら、
私もこれほど落胆しなかったであろうに。

I was prepared to dislike Max Kelada even before I knew him❶. The war had just finished and the passenger traffic in the ocean going liners was heavy❷. Accommodation was very hard to get❸ and you had to put up with whatever the agents❹ chose to offer you❹. You could not hope for a cabin to yourself and I was thankful to be given one❺ in which there were only two berths. But when I was told the name of my companion my heart sank.

語釈

The war「大戦」。作品の刊行が1925年ですから、第一次世界大戦を指します／**passenger traffic**「乗客の往来、交通量」／**the ocean going liners**「大洋航路の定期船」／**cabin**「船室」／**berths**「（船や列車の）ベッド」／**my heart sank**「気落ちした」

イディオム

put up with「我慢する」

マックス・ケラーダというイギリスでは風変わりな名前が最初から登場します。その人物を「知り合う前から嫌いだ」とは、どういうことでしょう？　短編の名手であるモームは、最初の数行で読者を物語の中に引き込みます。

設　問

1 I was prepared to dislike ＝「嫌う準備ができていた」とは、一体どういうことか考えながら訳してみましょう。

2 traffic が heavy ＝「行き来は重かった」とは、どういう意味でしょう？　訳を自然な日本語に直してみてください。

3 この文章を、It を主語にして書き換えてみましょう。

4 the agents とは誰でしょうか？　辞書を引いてみると、スパイ、代理人、仲介人など色々なものを指しますね。また、そのあとの you とは誰のことでしょう？　コンテクストから判断し、それぞれ答えてください。

the agents:

you:

5 この one を one, two, three の one だと思った人はいますか？　違いますよ、代名詞です。さて、何を指しているのか文中から抜き出してみましょう。

I was prepared to dislike Max Kelada even before I knew him❶. The war had just finished and the passenger traffic in the ocean going liners was heavy❷. Accommodation was very hard to get❸ and you had to put up with ↗

解説

1　正解 マックス・ケラーダと知り合う前から、嫌な奴だと決めつけていた。

　省略されている by 以下には、「彼の名前を見たこと」などが入るでしょう。なぜなら、後の文章を読んでいくと、特にこの男の名前が気にくわなかったということが判明するからです。Smith や Brown といった、イギリス人に一般的な苗字なら歓迎だったようですから、I ＝「私」はイギリス人であり、同国人でない外国人に対して偏見があるようだと、読み進めるにつれて少しずつその人物像が見えてきますね。I was prepared to dislike は、「嫌う準備をさせられていた」が直訳です（cf. Mother prepared me for the bad news.「母は悪い知らせを聞く心の準備をさせた」）。「嫌な奴だと決めつけていた」などと訳せば、自然な日本語になるでしょう。

2　正解 大洋航路の定期船の交通量は多かった。

　「行き来は重かった」というのはあまりに直訳すぎますね。traffic が heavy だというのですから、交通量が多かった、という意味合いになります（cf. There was heavy traffic on the highway.「ハイウェイでは交通量が多かった」）。この文全体を自然な日本語になるよう訳すと、「大戦がちょうど終わったばかりの時期で、大洋航路の定期船の交通量は多かった」となりますね。なお、The war を「第一次世界大戦」と訳したほうがよいのでは？と思う方もいるかもしれませんが、この短編の刊行時には第二次世界大

whatever the agents❹ chose to offer you❹. You could not hope for a cabin to yourself and I was thankful to be given one❺ in which there were only two berths. But when I was told the name of my companion my heart sank.

戦の勃発はわかっていなかったので、不都合です。作品が書かれた時代背景にも気を配るようにしましょう。

---

3 正解 It was very hard to get accommodation

　Itを主語にしてaccommodationを目的語にすると、上記のように言い換えることができます。「設備を取るのは難しかった」というのが直訳。

　さて、accommodation「設備」をどのように訳せばよいでしょうか。文脈から考えれば、「ホテルなどの宿泊設備」のことを指しているのは明らかですね。この場合は「船室」を予約するのが困難だった、という意味です。下線部全体を訳すと、「船室を確保するのは非常に困難だった」となります。

---

4 正解 the agents：旅行業者／you：一般の人

　agentsは船室の予約などを船会社に代わって扱う人や会社のことですから、「旅行業者」と訳すのがよいですね。辞書を引くと、「特約店」、「代理人」などがありますが、「旅行業者」という訳語は出ていません。辞書に適当な語がない場合、最もふさわしい訳語を、コンテクストをよく吟味して自分で考える必要があります。

　また、ここでのyouは「あなた」など特定の人物を指すのではなく、一般の「人」を表します。このyouの使い方は、英語で非常に多く見られる用法ですので、ぜひ覚えておいてください。この作品においても、今後何度も登場しますよ。直前のyou had to put up withのyouもそうで

> I was prepared to dislike Max Kelada even before I knew him❶. The war had just finished and the passenger traffic in the ocean going liners was heavy❷. Accommodation was very hard to get❸ and you had to put up with ↗

す。

　なお、chose to offer you を直訳すると、「人に提供すべく選んだ」となりますが、つまり「客のほうからの選り好みが許されない（ほどの混雑ぶり）」ということですね。

---

5 正解 **a cabin**

　oneはa cabin＝船室のことを指します。to yourselfは、「自分だけに」という意味ですね（cf. I had the big room to myself.「その広い部屋を独り占めした」）。設問4からも、大洋航路の定期船が非常に混み合っていたことが窺えますが、当時はなかなか自分だけの船室＝一人部屋を取ることができなかったのです。主人公は、ベッドが2つある船室、すなわち二人部屋を取れただけでもラッキーだった、と言っているのですね。

　全体を訳すと、「自分だけでひとつの船室を取ろうと希望することはできなかった。だから二人部屋を割り当てられた時は感謝した。でも、相客の名前を聞いてがっかりした」となります。

whatever the agents④ chose to offer you④. You could not hope for a cabin to yourself and I was thankful to be given one⑤ in which there were only two berths. But when I was told the name of my companion my heart sank.

最後の行の my heart sank は、熟語ですか？

熟語とも言えますが、コロケーションと思ってください。日本語でも「心が痛む」、「心が躍った」と言うでしょ？ heart を主語にして、それに続く動詞は、ache「痛む」、jump「躍る」、sink「沈む」、melt「和らぐ」など相性のよい動詞が決まっているのです。ただし、この相性は絶対的なものではないようです。日本語でも tell a lie は「嘘をつく」が普通ですが、「嘘を言う」と言う人もいて、誤りではないですものね。

訳

　私はマックス・ケラーダは嫌な奴だと、知り合いになる前から決め込んでいた①。大戦がちょうど終わったばかりの時期で、大洋航路の定期船の交通量は多かった②。だから船室を確保するのは非常に困難であり③、旅行業者④が客④に差し出そうと決めたものが何であれ、それで我慢するしかなかった。自分だけでひとつの船室を取ろうと希望することはできなかった。二人部屋⑤を割り当てられた時は感謝した。でも、相客の名前を聞いてがっかりした。

It suggested closed portholes and the night air rigidly excluded❶. It was bad enough to share a cabin for fourteen days with anyone❷ (I was going from San Francisco to Yokohama), but I should have looked upon it with less dismay if my fellow passenger's name had been Smith or Brown❸.

When I went on board I found Mr. Kelada's luggage already below. I did not like the look of it; there were too many labels on the suitcases, and the wardrobe trunk was too big. He had unpacked❹ his toilet things❺, and I observed that he was a patron of the excellent Monsieur Coty; for I saw on the washing-stand his scent, his hairwash and his brilliantine. Mr. Kelada's brushes, ebony with his monogram in gold, would have been all the better for a scrub❻. I did not at all like Mr. Kelada.

語釈

portholes「（船の）舷窓」／**fellow passenger**「仲間の乗客」companion の言い換えです。同一語の反復を嫌う英語の癖です／**Smith, Brown** イギリスの一般的な苗字。日本なら「鈴木」「中村」というところです／**below**(海事用語)「船室に」／**the look of it**「荷物の外観」続くセミコロンは理由を表します／**labels**「レッテル、ラベル」ホテル名などのラベルでしょう／**wardrobe trunk**「衣裳用大型かばん」／**patron of** ～「～の顧客」／**brilliantine**「整髪剤」／**monogram**「合わせ文字」氏名のイニシャルなどを図案にしたもの。

マックス・ケラーダ氏と会う前から、すでに彼を毛嫌いしている主人公。このシーンを丁寧に読みほどいて、状況描写からケラーダ氏の人物像を描き出してみましょう。

設 問

1 下線部を訳してみましょう。「マックス・ケラーダ」という名前が何を暗示するか、主人公の主観的な感情を述べている部分です。直訳せずに、うまく訳せるでしょうか？

2 下線部を訳してみましょう。bad enough to〜の、to〜の用法に注意してください。

3 looked upon it のitが指すものが何かを明らかにして、全体を訳してください。「should have ＋過去分詞」の用法にも注意しましょう。

4 下線部は、「had ＋過去分詞」の過去完了形ですが、なぜ過去形ではなく過去完了形になっているのか、説明してみましょう。

5 toilet thingsとは何のこと？　ヒントはMonsieur Coty。わからない固有名詞が出てきたら、インターネットで調べてみるのもひとつの手です。

6 「身体を擦るためにもっとよかったであろうに」という意味ですが、for a scrubの前に省略されている文を、穴埋めで付け加えてみてください。

(if)(they)(　　　)(　　　　)(used) for a scrub

It suggested closed portholes and the night air rigidly excluded❶. It was bad enough to share a cabin for fourteen days with anyone❷ (I was going from San Francisco to Yokohama), but I should have looked upon it with less dismay if my fellow passenger's name had been Smith or Brown❸.

When I went on board I found Mr. Kelada's luggage already below. I did not like the look of it; there were too many labels on the suitcases, and the

---

解　説

1　正解 その名を聞くと、閉めた舷窓と締め出された夜風が思い浮かんだ。

「それは閉じた舷窓ときっちり締め出された夜の空気を暗示した」などと直訳してはいけませんよ。「名前が～を暗示する」という表現では曖昧なので、「思い浮かんだ」と訳してみてはいかがでしょう。主人公は「マックス・ケラーダ」という名前に、圧迫感、閉所感を感じたのですね。

It suggested ～の訳は、「そういう名前の人なら、『窓はしっかり閉めておきましょうよ』などと提案しそうな感じだった」とは取れませんか？

それは無理ですよ。名前を聞いた途端に浮かんだ印象を、問題にしているのです。

wardrobe trunk was too big. He had unpacked❹ his toilet things❺, and I observed that he was a patron of the excellent Monsieur Coty; for I saw on the washing-stand his scent, his hairwash and his brilliantine. Mr. Kelada's brushes, ebony with his monogram in gold, would have been all the better for a scrub❻. I did not at all like Mr. Kelada.

名前からの印象として、たとえば日本で麗子という女性だと、まだ会っていなくても、「綺麗な人かもしれないな」と思いますね。ケラーダという名前がイギリス人らしくないのはわかりましたが、英語でもこの例のようなことはありますか？

日本ほどではありませんが、あるようです。聖書の人物から取った場合は、その方のイメージにつながる印象になるでしょう。

2 **正解** **誰であれ、14日間も同じ部屋を分かち合うのは、十分に嫌なことだった**

「14日間誰かと船室を分け合うほど不愉快だった」とするのは誤訳ですね。bad enough to〜を、「〜するほど悪い」と取ったのが間違いです。to〜は名詞句で、形式主語のItがこの名詞句を代表しています（江川§37「形式主語のit」参照）。anyoneは「誰か」ではなく、「どんな人が相客であれ」という意味ですね。

It suggested closed portholes and the night air rigidly excluded❶. It was bad enough to share a cabin for fourteen days with anyone❷ (I was going from San Francisco to Yokohama), but I should have looked upon it with less dismay if my fellow passenger's name had been Smith or Brown❸.

　When I went on board I found Mr. Kelada's luggage already below. I did not like the look of it; there were too many labels on the suitcases, and the ↗

3 **正解** もし相手がスミスとかブラウンとかいう名前だったら、私もこれほど相部屋に落胆しなかったであろうに。

　looked upon it with less dismay で、「より少ない憂鬱な気分でそれを見た（であろうに）」という意味です。この it が指しているのは、「同じ部屋を分かち合う状況」でしょう。もし相手がスミス氏やブラウン氏であったら、相部屋もやぶさかではなかった、という意味に取れます。それだけ主人公が、「ケラーダ」という苗字に拒否感を抱いたということです。should have ＋過去分詞は、典型的な仮定法過去完了形ですね。この場合、「〜だったに違いない」という意味です。自信のない人は、江川§174「仮定法過去完了」参照。もし単純に should ＝「べき」と暗記していたら、改めてください。

4 **正解** ケラーダ氏が荷をほどいたのは、主人公がそれを発見した時点よりも、さらに過去のことだから。

　ここで過去完了形が使われているのは、その行為がある過去の時点よりさらに過去に起こったことを示す「大過去」（過去完了形の昔の呼び名）を表すためですね。すなわち、主人公が observed（過去形）した時点よりもさらに前に、ケラーダ氏が had unpacked（過去完了形）した、ということです。「彼はすでに（洗面道具を）荷物から取り出していた」と訳せばよいでしょう。

wardrobe trunk was too big. He had unpacked④ his toilet things⑤, and I observed that he was a patron of the excellent Monsieur Coty; for I saw on the washing-stand his scent, his hairwash and his brilliantine. Mr. Kelada's brushes, ebony with his monogram in gold, would have been all the better for a scrub⑥. I did not at all like Mr. Kelada.

5 正解 洗面道具

　ケラーダ氏は当然男性ですから、toilet things をそのまま「化粧品」と訳すのはまずいです。Monsieur Coty とは、ムッシュ・コティー、すなわち「コティー氏」の意ですが、a patron of the (excellent) Monsieur Coty「コティー氏の顧客」とはどういう意味でしょう？　コティーという名の人物が経営する会社の商品の愛用者だということですね。the excellent Monsieur Coty の the は、「〜社の製品」を表す the です。たとえば、"It's the Sony." と言えば「これはソニー（製品）だよ」という意味ですね。excellent があるので気付きにくいかもしれません。his scent の his は、ケラーダ氏ではありませんよ。これは、コティー氏が製造販売した香水を指していて、「彼の香水」と訳してしまうと誤解を招きます。his は「同社の」と訳せるとパーフェクトですね。

　なお、この文は本来なら I saw his scent, his hairwash and his brilliantine on the washing-stand. ですが、下線部の目的語の部分が長いために、副詞句である on the washing-stand が目的語の前に来ています。

It suggested closed portholes and the night air rigidly excluded❶. It was bad enough to share a cabin for fourteen days with anyone❷ (I was going from San Francisco to Yokohama), but I should have looked upon it with less dismay if my fellow passenger's name had been Smith or Brown❸.

When I went on board I found Mr. Kelada's luggage already below. I did not like the look of it; there were too many labels on the suitcases, and the

6 正解 (if)(they)(had)(been)(used)for a scrub

　このように言い換えてみると、文全体の意味がいっそうはっきりしますね。「身体を擦るのに使ったほうが、ずっと具合がいいだろう」という意味です。ここは過去の事実に反する内容を仮定的に表現した仮定法過去完了の文なのですが、for a scrub が if 節に相当するのですね。「もし(髭剃り用でなく) 体擦り用であったならば (ましだったろうに)」、英語にすれば、if they had been used for a scrub となりましょう。なお、むかしは髭剃りの際、ブラシで石鹸を泡立て、それをたっぷり用いて髭剃りナイフで剃ったものです。安全カミソリなどはあまり使いませんでした。

for a scrub は、体を擦るのに結構ということですが、「体」という単語は書かれていないので、「床」掃除に使えばよい、という意味に取れませんか？

なるほど。床掃除のブラシですか。でも髭ブラシですから、いくら大きくても、さすがに背中擦りまでではないでしょうかね。床を掃除するには物足りないでしょう。

wardrobe trunk was too big. He had unpacked❹ his toilet things❺, and I observed that he was a patron of the excellent Monsieur Coty; for I saw on the washing-stand his scent, his hairwash and his brilliantine. Mr. Kelada's brushes, ebony with his monogram in gold, **would have been all the better for a scrub❻**. I did not at all like Mr. Kelada.

訳

その名を聞くと、閉めた舷窓と締め出された夜風が思い浮かんだ❶。相手が誰であれ、14日間も（私はサンフランシスコから横浜まで行くのだった）相部屋になるというのは十分に嫌なことである❷けれど、もし相手がスミスとかブラウンとかいう名前だったら、私もこれほど落胆しなかったであろうに❸。

　乗船すると、ケラーダ氏の荷物がすでに船室にあるのがわかった。荷物は見た感じが気にくわない。あまりに多くのホテルのラベルがスーツケースに貼ってあるし、衣裳トランクはあまりにも大きかったからだ。彼はすでに洗面道具❺を荷物から取り出していた❹。見ると彼はあの素敵なコティー社の製品の愛用者であった。というのも、洗面台に同社の香水、洗髪剤、整髪剤が置いてあったのだ。ケラーダ氏のブラシは、金色の合わせ文字のある黒檀製で、髭剃りよりも、体を擦れば、もっと具合がいいようだった❻。私は彼が気に入らなかった。

I made my way into the smoking-room. I called for a pack of cards❶ and began to play patience. I had scarcely started before a man came up to me and asked me if he was right in thinking my name was so and so❷.

"I am Mr. Kelada," he added, with a smile that showed a row of flashing teeth, and sat down.

"Oh, yes, we're sharing a cabin, I think."

"Bit of luck, I call it. You never know who❸ you're going to be put in with. I was jolly glad when I heard you were English. I'm all for us English sticking together❹ when we're abroad, if you understand what I mean."

I blinked.

語釈

patience「ペイシャンス」一人でするトランプゲームの名前／**so and so**「これこれか」内容を明示しない時の言い方／**blinked**「目をぱちくりした」

イディオム

made my way「進んだ」／**called for**〜「〜を要求した」／**I'm all for**〜「〜にすっかり賛成する」

設 問

1 called for〜は「〜を要求した」という意味ですが、主人公は一体誰にトランプを要求したのでしょうか？　状況を想像して、下線部を訳してみてください。

2 下線部を、間接話法、直接話法でそれぞれ訳してみてください。

間接話法：

直接話法：

3 このwhoを、文法的に正しい形に修正してください。

4 stickingの用法と下線部の正しい訳は、次のうちどれでしょう？コンテクストを考慮しながら、考えてみてください。

1. 付帯状況を表す現在分詞「我々イギリス人は結束しながら」
2. 理由を表す現在分詞「我々イギリス人は結束しているため」
3. 動名詞「我々イギリス人が結束すること」

I made my way into the smoking-room. <u>I called for a pack of cards</u>❶ and began to play patience. I had scarcely started before <u>a man came up to me and asked me if he was right in thinking my name was so and so</u>❷.

"I am Mr. Kelada," he added, with a smile that showed a row of flashing teeth, and sat down.

解 説

---

1 正解 私はボーイにトランプを持ってこさせた

「要求した」相手は、おそらく喫煙室にいたボーイでしょう。ボーイに言って、トランプを持ってくるよう頼んでいるわけです。

ですから、ただ「トランプを要求して」と直訳したのでは、舌足らずですね。

---

2 正解 間接話法「一人の男がそばに来て、私の名前はこれこれだと思って正しいかどうか尋ねた」
直接話法「男が近付き、『失礼ですが、あなたは何々さんですね？』と尋ねた」

間接話法とは、その人の言った言葉を話し手が自分の言葉に言い直して伝える言い方のこと。一方直接話法とは、その人の言った言葉をそのまま伝える方法のことをいいます。正解の文を見比べてみてください。直接話法のほうが、ずっと自然な訳文になると思いませんか？

また、この文ではbefore の使い方にも注意。before 後の節を前に持ってきて「尋ねる前に始めるところだった」と訳すのではなく、「私が始めたちょうどその時に尋ねた」というように、原文の順序で訳しましょう。

全体を訳すと、「始めるや否や、男が近付き、『失礼ですが、あなたは

"Oh, yes, we're sharing a cabin, I think."

"Bit of luck, I call it. You never know who❸ you're going to be put in with. I was jolly glad when I heard you were English. I'm all for us English sticking together❹ when we're abroad, if you understand what I mean."

I blinked.

何々さんですね？』と尋ねた。『私はケラーダと申します』男は、きらきら光る白い歯をよく見せて微笑し、座った」となります。

自己紹介で自分の名前に Mr. を付けるのは礼儀に合っていますか？　私には奇妙に感じるのですけど。

これは正しいのです。たとえば、男性が妻のことを紹介する時も、This is Mrs. Smith. といいます。

I made my way into the smoking-room. I called for a pack of cards❶ and began to play patience. I had scarcely started before a man came up to me and asked me if he was right in thinking my name was so and so❷.

"I am Mr. Kelada," he added, with a smile that showed a row of flashing teeth, and sat down.

3 正解 whom

whom の使い方を覚えていますか？　この文は、「You never know」の目的語となる「You're going to be put in with him.」という文を、関係代名詞でつなげているのです。him を関係代名詞に置き換える必要があるのですが、him は目的格ですから、who ではなく whom を使うのですね。しかし、実は原文では who となっています。文法的に正確には whom とすべきですけど、今では堅苦しいと感じられるため、普通は who で済ましてしまうのです。

You never know は「わかったもんじゃなし」と訳してよいですか？

ええ、そう覚えておけば、間に合うでしょう。この部分を自然な日本語に訳すと、「どんな人と同室にさせられるか、わかったもんじゃないんですからな」となります。

"Oh, yes, we're sharing a cabin, I think."

"Bit of luck, I call it. **You never know** who❸ **you're going to be put in with.** I was jolly glad when I heard you were English. **I'm all for** us English sticking together❹ when we're abroad, if you understand what I mean."

I blinked.

4 正解 3. 動名詞「我々イギリス人が結束すること」

全体を直訳すると、「もし私の意味することを理解して頂けるならば、外国にいる場合は、我々イギリス人が結束することに、私はまったく同意しています」となります。江川§238「動名詞の意味上の主語」を参照。if you understand what I mean. は、主観的な意見を述べて、相手が必ずしも賛成しないような場合に、意見を述べた後に添える表現です。「私の言わんとすることを、理解して頂ければ」が文字通りの意味ですが、訳語は工夫しましょう。

自然な日本語を意識して訳してみると、「外国にいる時は、私たちイギリス人は一緒に固まっているべきだというのが私の意見でしてね。いや、こんな言い方でわかって頂けないかもしれないですが」となります。

I made my way into the smoking-room. I called for a pack of cards❶ and began to play patience. I had scarcely started before a man came up to me and asked me if he was right in thinking my name was so and so❷.

"I am Mr. Kelada," he added, with a smile that showed a row of flashing teeth, and sat down.

英文法の勉強で、直接話法と間接話法の書き換えをやりましたが、それは翻訳に役立つのですか？

ええ、役立ちますよ。たとえば、She told me that she thanked me very much. を、She said, "Thank you very much." と言い換える練習をしていれば、翻訳していて説明ばかりの平板な訳文が続いて読者が退屈しそうな時、変化をつけるために、「彼女は『本当にありがとうございます』と言った」とも訳せるし、あるいは、威勢のいい女性なら、「彼女は『恩に着るわよ！』と言った」とも訳せるでしょ？　日本語のように性別、年齢差などで表現が違う言語の場合、直接話法によって、作中人物の性格などを鮮明に描くことができます。英語と日本語のように、すべての面で隔たりのある言語間の翻訳では、原文の話法を尊重しなくても構いません。ま、これは私の考えで意見の違う人もいるでしょうけど。

"Oh, yes, we're sharing a cabin, I think."

"Bit of luck, I call it. You never know who❸ you're going to be put in with. I was jolly glad when I heard you were English. **I'm all for us English sticking together❹** when we're abroad, if you understand what I mean."

I blinked.

訳

私は喫煙室に行った。トランプを持ってこさせて❶、ペイシャンスをやり出した。始めるや否や、男が近付き、「失礼ですが、あなたは何々さんですね？」と尋ねた❷。

「私はケラーダと申します」男は、きらきら光る白い歯をよく見せて微笑し、座った。

「そうです。同じ部屋でしたね」

「運がよかったと思いますよ。どんな人❸と同室にさせられるか、わかったもんじゃないんですからな。あなたがイギリス人だと聞いて、すごく喜びました。外国にいる時は、私たちイギリス人は一緒に固まっているべき❹だというのが私の意見でしてね。いや、こんな言い方でわかって頂けないかもしれないですが」

　私は目をぱちくりした。

"Are you English?" I asked, perhaps tactlessly❶.

"Rather❷. You don't think I look like an American, do you? British to the backbone, that's what I am."

To prove it, Mr. Kelada took out of his pocket a passport and airily waved it under my nose.

King George has many strange subjects❸. Mr. Kelada was short and of a sturdy build, clean-shaven and dark skinned, with a fleshy, hooked nose and very large lustrous and liquid eyes. His long black hair was sleek and curly. He spoke with a fluency in which there was nothing English and his gestures were exuberant. I felt pretty sure that a closer inspection of that British passport would have betrayed the fact❹ that Mr. Kelada was born under a bluer sky than is generally seen in England❺.

語釈

tactlessly「配慮に欠けて、ぶしつけに」／**airily**「軽やかに」／**King George**「ジョージ五世」（1865−1936；国王としての在任期間は1910−1932）／**of a sturdy build**「がっちりした体格」／**clean-shaven**「髭を綺麗に剃り落とした」と「髭のない」と両方の意味があります／**lustrous**「光沢のある」／**liquid eyes**「澄んだ目」／**betrayed the fact**「事実を暴露した」

主人公の目を通したケラーダ氏の描写に注目してください。どうやら主人公は、彼を「イギリス人」とは認めたくない様子ですね。

設 問

1 tactlessly の対義語は？

2 ここでの Rather. の、正しい訳語は次のうちどれでしょう？

1. むしろそうです。
2. もちろんそうです。
3. そうではないです。

3 この文を直訳すると「ジョージ王には多くの変わった臣下がいる」となりますが、さて一体何を意味しているのでしょうか？　主人公はケラーダ氏をどのように思っているのでしょう？　「描出話法」を意識して、訳してみてください。

4 下線部の主語にあたる単語はどれでしょう？　ヒントは「無生物主語」です。

5 「イングランドで見られるよりももっと青い空の下で生まれた」とは、一体どこのことでしょう？

"Are you English?" I asked, perhaps tactlessly❶.

"Rather❷. You don't think I look like an American, do you? British to the backbone, that's what I am."

To prove it, Mr. Kelada took out of his pocket a passport and airily waved it under my nose.

King George has many strange subjects❸. Mr. Kelada was short and of a ↗

解 説

1 正解 tactfully「機転を利かせて」

tactlessly「配慮に欠けて」という意味ですが、その対義語はtactfully「機転を利かせて」となります。lessとfullの部分がまさに対極になっていますよね。ケラーダ氏が自分を「イギリス人」だと言ったことに私は驚き、ぶしつけに「あなたはイギリス人なんですか?」と訊いてしまった場面です。上品なイギリス紳士である主人公が思わず失言してしまうほど、ケラーダ氏が「イギリス人らしさ」に欠けた人物だったということでしょう。

ここでの perhaps は、「多分」と訳すべきでしょうか?
それとも、「ひょっとすると」でしょうか?

主人公は、自分が特段配慮に欠けていたと反省していないようですから、「多分配慮に欠けていただろう」となるのはおかしいでしょ? だから「ひょっとすると」と弱めるのがふさわしいのです。

sturdy build, clean-shaven and dark skinned, with a fleshy, hooked nose and very large lustrous and liquid eyes. His long black hair was sleek and curly. He spoke with a fluency in which there was nothing English and his gestures were exuberant. I felt pretty sure that a closer inspection of that British passport would have betrayed the fact❹ that Mr. Kelada was born under a bluer sky than is generally seen in England❺.

2 正解 **2. もちろんそうです。**

rather は「むしろ」と訳す場合が多いのですが、ここでは Certainly.「もちろんです」と同じ用法で使われています。英和辞典を引いて、確認してみてください。British to the backbone は、「骨の髄までイギリス人」という意味。少々古風な言い回しですので、「生粋の、完璧な」ぐらいの訳語がよいでしょう。全体を訳すと、「もちろん。あなた、まさかアメリカ人だと思ったんじゃないでしょうね。完璧なイギリス人ですよ」となりますね。

3 正解 **男がイギリス人だとすれば、ジョージ王には多くの変わった臣下がいるものだ。**

「ジョージ王には多くの変わった臣下がいる」。現在形になっていますが、これは客観的な事実を述べた文でしょうか？ たとえば、A week has seven days.「1週間は7日である」と同じ言い方でしょうか？ そうではなくて、ケラーダ氏がイギリス人だという、語り手にとっては不可解な発言を聞いての感想でしょう。語り手の心理を地の文章で書く「描出話法」を思い出してください（江川 §315「中間的な話法」、行方『英語の発想がよくわかる表現50』P.152「9 描出話法を見分ける！」参照）。少し皮肉めいた表現で訳すとよいでしょう。

"Are you English?" I asked, perhaps tactlessly❶.

"Rather❷. You don't think I look like an American, do you? British to the backbone, that's what I am."

To prove it, Mr. Kelada took out of his pocket a passport and airily waved it under my nose.

King George has many strange subjects❸. Mr. Kelada was short and of a

4 正解 a closer inspection「より詳細な検査」

「あのイギリスの旅券のもっと仔細な検査が、事実を明らかにしただろう」が直訳です。しかしこの箇所は無生物主語ですし、また would have で仮定法だとわかりますから、直訳は避けねばなりません。「検査」でなく、「検査する」としたり、省略された if 節の部分を考えたりしましょう。if it had been more closely inspected と書き換えられますね。

無生物主語とは？　訳し方も含めて説明してください。

日本語では人間、生物を主語とする場合でも、英語では無生物を主語とする構文をよく使います。Her pride did not allow her to show her grief in public.「彼女のプライドが、人前で悲しみを示すことを許さなかった」と直訳しても伝わらないわけではないですが、日本語としてはぎこちないですよね。「彼女にはプライドがあって、人前で悲しい顔を見せられなかった」と意訳するほうが、誰にでも自然にわかってもらえるでしょうね。

sturdy build, clean-shaven and dark skinned, with a fleshy, hooked nose and very large lustrous and liquid eyes. His long black hair was sleek and curly. He spoke with a fluency in which there was nothing English and his gestures were exuberant. I felt pretty sure that a closer inspection of that British passport would have betrayed the fact❹ that Mr. Kelada was born under a bluer sky than is generally seen in England❺.

⑤ 正解 **イギリス国外の植民地**

　国民性としてイギリス人は控え目であるとか、気候の面でイギリスには曇天の日が多いといった事実も思い出してください。モームが人種に関して偏見が強いのは、今の感覚から判断すると批判されるべきものかもしれませんが、当時としては普通だったのです。主人公のケラーダ氏への反感には、出しゃばり、自己中心的などの態度を嫌うだけでなく、人種的な偏見が多分に混じっています。

> ケラーダ氏の英語の発音から、すぐに外国人の英語だとわかるのでしょうか？

> わかるらしいですよ。英語を母語とする人々の中でも純粋な英語を尊重するイギリス人は、自分たちの言語が奇妙な音で話されるのを嫌います。現代はそれほどでもありませんが、この作品の時代である 20 世紀の初め頃はそうでした。

"Are you English?" I asked, perhaps tactlessly❶.

"Rather❷. You don't think I look like an American, do you? British to the backbone, that's what I am."

To prove it, Mr. Kelada took out of his pocket a passport and airily waved it under my nose.

King George has many strange subjects❸. Mr. Kelada was short and of a

受身が出てきましたが、昔学校で、A dog bit me. を I was bitten by a dog. とするなど、受身形と能動形の書き換えをやらされましたけど、同じ内容ならどっちでもいいのに、なぜ言い換えるのでしょう？

同じ内容でしょうか？　英語では、自分にとってより大事なものが主語になるのです。「私が噛まれたこと」が大事なら、受身を使います。また、日本人と英米人の発想の違いにも関係します。「息子は戦死した」と日本人は言いますが、英語では My son was killed in the war. と言うのが普通です。これを、「息子が戦争で殺された」と直訳したら、やや特別な、感情的な表現になってしまいますね。
昔の学校ではこういう説明を聞かずに、ただ機械的に書き換えをやったので退屈だったのでしょうが、無駄ではなかったのですよ。

sturdy build, clean-shaven and dark skinned, with a fleshy, hooked nose and very large lustrous and liquid eyes. His long black hair was sleek and curly. He spoke with a fluency in which there was nothing English and his gestures were exuberant. I felt pretty sure that a closer inspection of that British passport would have betrayed the fact❹ that **Mr. Kelada was born under a bluer sky than is generally seen in England❺**.

訳

「あなたはイギリス人ですか」もしかするとぶしつけだった❶かもしれないけど、言った。

「もちろん❷。あなた、まさかアメリカ人だと思ったんじゃないでしょうね。完璧なイギリス人ですよ」

　その証明のために、彼はポケットから旅券を出して、私の鼻先で軽く振って見せた。

　男がイギリス人だとすれば、ジョージ王には多くの変わった臣下がいるものだな❸。ケラーダ氏は背が低く、頑丈な体格で、髭はなく、肌は黒く、大きな鷲鼻で、大きな目は光沢があり澄んでいる。長く伸ばした黒髪はつやつやして縮れている。流暢に英語をしゃべるけど、とうてい英語とは言えない。身振り手振りがひどく派手だ。あのイギリス旅券をよく調べれば❹、彼がイギリスでは普通見られぬ青い空の下で生まれた❺と判明したはずだ❹と、私はほぼ確信した。

"What will you have?❶" he asked me.

I looked at him doubtfully. Prohibition was in force and to all appearances the ship was bone-dry❷. When I am not thirsty I do not know which I dislike more, ginger ale or lemon squash. But Mr. Kelada flashed an oriental smile❸ at me.

"Whisky and soda or a dry martini, you have only to say the word❹."

From each of his hip pockets he furnished a flask❺ and laid it on the table before me. I chose the martini, and calling the steward he ordered a tumbler of ice and a couple of glasses.

語釈

Prohibition「禁酒令」／**in force**「有効で」／**you have only to〜**「〜しさえすればよい」／**flask**「懐中瓶」ウイスキーなどを携帯する、平らな瓶のこと。スキットル・フラスコ、ウイスキーボトルやフラスクボトル、ヒップフラスコ等の名称がついており、スキットルは和製英語です／ **steward**「ボーイ」旅客機・客船などの給仕や船室係のことです。

イディオム

to all appearances「どう見ても」

設 問

1 ケラーダ氏のこの発言を聞いて主人公は驚くわけですが、一体なぜでしょうか？　時代背景を考慮して考えてみてください。

2 bone-dry とは、「干からびた」という意味ですが、前後の文脈から、この語が何を指しているのかを考えてみましょう。

3 oriental smile とは、どんな笑いのことでしょう？　次のうち、一番近いものを選んでください。

1. beautiful smile
2. friendly smile
3. mysterious smile

4 the word が何を指しているのか明らかにして、この一文を訳してみてください。

5 下線部を直訳すると、「彼は懐中瓶を供給した」となりますが、あまりに不自然ですね。furnish の意味に注目して、訳し直してみてください。

"What will you have?❶" he asked me.

I looked at him doubtfully. Prohibition was in force and to all appearances the ship was bone-dry❷. When I am not thirsty I do not know which I dislike more, ginger ale or lemon squash. But Mr. Kelada flashed an oriental smile❸ at me.

解 説

---

1 正解 禁酒法の時代なのに、何の酒を飲むか尋ねられたから

　物語の舞台は、1920年初め頃のアメリカ籍の船だということを考慮しましょう。すぐ後にProhibition was in forceという一文がある通り、当時のアメリカでは禁酒法が施行されていました（禁酒法とは、アメリカで1920年から1933年まで施行された法律です。人間が消費するためのアルコールの製造、販売が禁止されました）。What will you have? という表現は、大人同士ならお酒のことを指して言うのが普通なので、語り手は驚いたのですね。

---

2 正解 禁酒のこと

　bone-dry「骨のように干からびた」という単語は、アメリカの口語では「絶対禁酒の」という意味で使われています。to all appearancesは、「どう見ても」という意味の熟語です。

　全体を訳すと、「禁酒法が施行されていたから、船には酒は一切見当たらなかった。喉が渇いていない場合のことだが、私はジンジャーエールとレモンスカッシュとどっちが嫌いかわからない人間だ」という訳になりますね。

"Whisky and soda or a dry martini, you have only to say the word❹."

From each of his hip pockets he furnished a flask❺ and laid it on the table before me. I chose the martini, and calling the steward he ordered a tumbler of ice and a couple of glasses.

「喉が渇いていない場合、ジンジャーエールとレモンスカッシュとどっちが嫌いかわからない」とは、どういう意味ですか？

喉が渇いていれば、アルコールなしの飲料も飲むけれど、渇いていなければ、アルコール飲料が大好きなので、アルコールなしでは、ジンジャーエールだろうとレモンスカッシュだろうとどっちも嫌だ、ということです。

---

3 正解 **3. mysterious smile**

oriental smile は、「東方風の（謎めいた）微笑」を意味します。西洋人からすると、東洋人の微笑というのは、謎めいた不可解な微笑に見えるようです。

　文全体を訳すと、「ところが、ケラーダ氏はこちらに奇妙な笑い顔を向けた」となります。

"What will you have?❶" he asked me.

I looked at him doubtfully. Prohibition was in force and to all appearances the ship was bone-dry❷. When I am not thirsty I do not know which I dislike more, ginger ale or lemon squash. But Mr. Kelada flashed an oriental smile❸ at me.

▊4 正解 お好きな飲み物をおっしゃれば、差し上げますよ。

the word とは、ウイスキー・ソーダやマティーニなどの、「選んだ飲み物の名前」のことを指しています。you have only to〜は、「〜しさえすればよい」という意味。ですので、the word が指すものを明らかにして訳してみると、「お好きな飲み物をおっしゃれば、差し上げますよ」となります。なお、ウイスキー・ソーダは日本では「ハイボール」と（アメリカの highball の真似で）呼ばれているので、そう訳してもいいですね。

only to 〜を使った他の用例を教えてください。

She went to the shop only to discover that the dress was too expensive. さて、何と訳すかわかりますか？「せっかく店に行ったのに、そのドレスは高くて手が出なかった」という意味ですね。

"Whisky and soda or a dry martini, <u>you have only to say the word❹</u>."

From each of his hip pockets <u>he furnished a flask❺</u> and laid it on the table before me. I chose the martini, and calling the steward he ordered a tumbler of ice and a couple of glasses.

---

5 正解 **酒瓶を引っ張り出した**

　furnishは、辞書には「供給する」、「提供する」と載っていますが、ここでは「ポケットから」とあるので、「引っ張り出す」と訳すのがよいでしょう。「懐中瓶」もやや古風でわかりにくい表現ですから、単純に「酒瓶」としたほうがよいでしょうね。「酒瓶を引っ張り出した」という訳が適当です。From each of his hip pocketsとはつまり、「お尻のポケットから1本ずつ」瓶を取り出した、という意味ですね。

> **訳**
>
> 「飲み物は何にします？❶」
> 　私はけげんな顔で彼を見た。禁酒法が施行されていたから、船には酒は一切見当たらなかった❷。喉が渇いていない場合のことだが、私はジンジャーエールとレモンスカッシュとどっちが嫌いかわからない人間だ。ところが、ケラーダ氏はこちらに奇妙な笑い顔❸を向けた。「ウイスキー・ソーダかドライ・マティーニか、<u>お好きなほうをおっしゃれば、差し上げますよ❹</u>」
> 　彼はヒップ・ポケットの両方から、<u>1本ずつ酒瓶を引っ張り出して❺</u>面前のテーブルに置いた。私がドライ・マティーニを選ぶと、ボーイを呼んで、タンブラーいっぱいの氷とグラスを2個注文した。

"A very good cocktail," I said.

"Well, there are plenty more <u>where that came from</u>❶, and if you've got any friends on board, <u>you tell them you've got a pal who's got all the liquor in the world</u>❷."

Mr. Kelada was chatty. He talked of New York and of San Francisco. He discussed plays, <u>pictures</u>❸, and politics. He was patriotic. The Union Jack is an impressive piece of drapery, but when it is flourished by a gentleman from Alexandria or Beirut, <u>I cannot but feel</u>❹ that <u>it loses somewhat (　　) dignity</u>❺.

語釈

cocktail「カクテル」マティーニもカクテルの一種です／**plenty**「たくさん」／**pal**「友達、仲間」／**Union Jack**「ユニオン・ジャック」英国の国旗のこと／**Alexandria**「アレクサンドリア」エジプト北部の港湾都市／**Beirut**「ベイルート」レバノンの首都

まだケラーダ氏の出自にこだわっている様子の主人公。しかしケラーダ氏は、「イギリス人」である
ことを強調するようなおしゃべりを続けています。

設 問

1 where that came from は、直訳すると「それを出してきたところ」
となりますが、具体的にはどこを指しているでしょうか？

....

2 下線部を、tell の用法を明らかにして訳してみましょう。

....

3 pictures とは、「絵画」とも「映画」とも取れますが、はたしてこ
こではどちらの意味で使われているでしょうか？

....

4 下線部の意味で、最も近いのはどれ？

1. 感じざるを得ない
2. 喜んで感じる
3. 感じることはできないが

....

5 下線部は、「いささか威厳がなくなる」という意味ですが、さて
（　）に入る前置詞は何でしょう？

it loses somewhat（　　　　　　　　）dignity.

....

"A very good cocktail," I said.

"Well, there are plenty more <u>where that came from❶</u>, and if you've got any friends on board, <u>you tell them you've got a pal who's got all the liquor in the world❷</u>."

Mr. Kelada was chatty. He talked of New York and of San Francisco. He ↗

解 説

---

1 正解 船室にあるケラーダ氏の荷物のこと

where that came from「それが出てきたところ」とは、一体どこを指しているのでしょう？　ケラーダ氏は、「それが出てきたところ」にはもっと色々お酒がある、と言っています。つまり、具体的には、彼の船室にある荷物のことを指しているのでしょう。

英文を読み解く際、時には想像力を働かせることも必要です。もし日本語として不自然な部分があったら、そのまま機械的に直訳するのではなく、文脈や背景を頼りに自然な訳語を探すよう心がけたいものです。

---

2 正解 世界中の酒を持っている友人がいるって、言っていいですよ。

you tell them の tell は、軽い命令形だと捉えるべきです。ここでは文脈から、「言っていいですよ」という意味になりますね。

設問1とあわせて全体を訳すと、「これが出てきたところにはもっと色々あります。船上に誰か知り合いがいたら、世界中の酒を持っている友人がいるって、言っていいですよ」となります。

discussed plays, <u>pictures</u>❸, and politics. He was patriotic. The Union Jack is an impressive piece of drapery, but when it is flourished by a gentleman from Alexandria or Beirut, <u>I cannot but feel</u>❹ that it loses somewhat (　　) dignity❺.

3　正解 映画

pictures は、絵画か映画、一体どちらを指しているのでしょうか。私の見解では、おそらく映画でしょう。その根拠は3つあります。まずは、plays「演劇、芝居」と並列になっていること。「演劇と絵画」という並びよりも、「演劇と映画」という並びのほうがジャンルが近いので自然ですね。次に、時代背景からも、映画鑑賞が庶民の楽しみとして定着しはじめた時期だと言えること。最後に、特にイギリスの口語では、pictures を映画の意味でよく使うことです。以上の推理から、pictures を映画と取るのが妥当だと判断しました。この文を訳すと、「彼は芝居や映画や政治を論じた」となります。

4　正解 1. 感じざるを得ない

cannot but〜で、「〜せずにはいられない」という意味の熟語です。したがって、正解は「1. 感じざるを得ない」となります。この文は、下線部の後のthat以下を正しく読み取れないと、全体をうまく訳せなくなってしまいます。次の設問5の答えを確認し、再度全文の意味を考えてみましょう。

なお、drapery は「生地」という意味ですが、英国の国旗を指す Union Jack「ユニオン・ジャック」を受けていますので、「旗」と訳すのがよいでしょう。不可算名詞ですので、a piece of drapery という形を取ります。

5 正解 in

loses in dignity で、「威厳をなくす」という意味になります。ですので、正解は（ in ）。設問4の答えとあわせて全体を訳してみると、「ユニオン・ジャックは堂々たる旗だけれど、アレクサンドリアやベイルート生まれの御仁が振ると、いささか威厳がなくなると思わざるを得ない」となります。

loses in dignity の in は「〜の点で」という意味でしょうか？

そうです。例文を挙げましょう。
He is strong in science.「彼は科学に強い」
Japan is not rich in natural resources.「日本は天然資源が豊富でない」

discussed plays, pictures❸, and politics. He was patriotic. **The Union Jack is an impressive piece of drapery, but when it is flourished by a gentleman from Alexandria or Beirut, I cannot but feel❹ that it loses somewhat (   ) dignity❺.**

訳

「結構な味ですなあ」

「これが出てきたところ❶にはもっと色々あります。船上に誰か知り合いがいたら、世界中の酒を持っている友人がいるって、言っていいですよ❷」

　ケラーダ氏はおしゃべりだった。ニューヨークやサンフランシスコの話をした。芝居や映画❸や政治を論じた。愛国的だった。ユニオン・ジャックは堂々たる旗だけれど、アレクサンドリアやベイルート生まれの御仁が振ると、いささか威厳がなくなる❺と思わざるを得ない❹。

Mr. Kelada was familiar❶. I do not wish to put on airs, but I cannot help feeling that it is seemly❷ in a total stranger to put mister before my name when he addresses me. Mr. Kelada, doubtless to set me at my ease, used no such formality❸. I did not like Mr. Kelada. I had put aside the cards when he sat down, but now, thinking that for this first occasion our conversation had lasted long enough, I went on with my game.

"The three on the four," said Mr. Kelada.

There is nothing more exasperating when you❹ are playing patience than to be told where to put the card you have turned up before you have a chance to look for yourself.

語釈

put on airs「気取る」／**doubtless**「疑いなく」 副詞ですね／**set me at my ease**「くつろがせる」／**exasperating**「腹立たしい」

少しずつ、ケラーダ氏の人を苛立たせる振る舞いが明らかになってきました。

設問

1 文脈から考えて、この文は何と訳すのが適切でしょうか？familiarの意味に注意してください。

....

2 ここで使われているseemlyと、同義語の単語は次のうちどれでしょう？

1. polite
2. apparently
3. possible

....

3 下線部を、なぜ主人公がケラーダ氏についてこのようなことを述べているのか、理由を考えながら訳してみてください。この一文から、主人公の人柄も見えてくるはずですよ。

....

4 このyouは、一体誰のことでしょうか？

....

Mr. Kelada was familiar❶. I do not wish to put on airs, but I cannot help feeling that it is seemly❷ in a total stranger to put mister before my name when he addresses me. Mr. Kelada, doubtless to set me at my ease, used no such formality❸. I did not like Mr. Kelada. I had put aside the cards when he sat down, but now, thinking that for this first occasion our conversation

---

解説

---

1 正解 ケラーダ氏は無遠慮だった。

　familiar には、「うちとけた」という意味もありますが、しばしば「なれなれしい」の意味合いで使われることがあります。この場合、主人公がケラーダ氏に好感を抱いていないのは明らかですし、「なれなれしい」の意味で使っていると取るべきでしょう。したがって、訳は「ケラーダ氏は無遠慮だった」となります。

> familiar が「なれなれしい」という意味だと知りましたが、一般に英和辞典にはいくつも意味が出ていて、どの訳語がいいのか迷います。選ぶコツはありますか？

> そうですね、前後関係、コンテクストから見当をつけるしかありません。英和辞典には、よく使う意味から先に出ていますので、上から見ていき、これと思ったら原文の該当箇所に目を走らせるのです。familiar の場合、嫌っているケラーダ氏を表す形容詞だから、悪口だろうと推察して、悪い意味を探すのも賢明な方法です。これもコンテクストから見当をつける方法です。

had lasted long enough, I went on with my game.

"The three on the four," said Mr. Kelada.

There is nothing more exasperating when you❹ are playing patience than to be told where to put the card you have turned up before you have a chance to look for yourself.

2 正解 **1. polite**

seemly はやや古風な単語ですが、意味は「場にふさわしい、上品な」となります。ですので、同義語は「1. polite」が正解ですね。

さて、全体を見ていきましょう。I do not wish to put on airs は、「気取ることを願っていない」が直訳ですが、これでは意味が伝わりにくいので、もう少し工夫して訳したいものです。cannot help doing は、「〜せざるを得ない」という意味の熟語です。SECTION 1-6 の設問4（P.49）に出てきた、cannot but 〜「〜せずにはいられない」と同じ意味・用法ですね。address は、動詞の場合「話しかける」という意味で使われますが、speak to より堅い言い回しだと言えます。

全体を訳してみると、「私は気取っているつもりはないけれど、初対面の人がこちらに口をきく時は、名前の前にミスターを付けるのが礼儀だと思っている」となりますね。

Mr. Kelada was familiar❶. I do not wish to put on airs, but I cannot help feeling that it is seemly❷ in a total stranger to put mister before my name when he addresses me. Mr. Kelada, doubtless to set me at my ease, used no such formality❸. I did not like Mr. Kelada. I had put aside the cards when he sat down, but now, thinking that for this first occasion our conversation

「やや古風な表現」という解説を聞くと、現代っ子の私は、せっかく学んでも役に立たないのか、とがっかりしてしまいます。日本語で言えば、「ござりまする」とか「〜で候」とかに匹敵するのですか？

あまり気にしなくていいのですよ。日本語で言えば、potato を「ジャガイモ」ではなく「馬鈴薯」という程度の差です。英語は日本語に比べると、昔と今で大きな変化はないのです。たとえば、デフォーの小説『ロビンソン・クルーソー』は 300 年ほど前の作品ですが、インテリの英米人なら読むことは困難ではありません。いっぽう、ほぼ同時期に刊行された新井白石の随筆『折りたく柴の記』となると、インテリの日本人でも読むのは相当難しいでしょう。このように、18 世紀や 19 世紀の小説には、今はあまり使われない表現があっても、わずかなのです。
ついでに言うと、新しいものが古いものよりも優れているとは限らないでしょう？　英国では古いものを尊重し、新しいものをなかなか信用しませんよ。新しいものに飛びつくのは日本と米国ですね。

had lasted long enough, I went on with my game.

"The three on the four," said Mr. Kelada.

There is nothing more exasperating when you❹ are playing patience than to be told where to put the card you have turned up before you have a chance to look for yourself.

3 正解 ケラーダ氏は、おそらくこちらをくつろがせようとしたのであろうが、こういう作法は一切守らない。

set me at my ease は、「安心させる、落ち着かせる」という意味です。setの代わりにputを使う場合もありますよ。such は「そのような〜」という意味の形容詞ですが、no は普通 such の前に置きます。この部分は、語り手の紳士らしさを示していますね。人をくつろがせようという意図など、ケラーダ氏にはまったくなく、ただなれなれしい上調子の奴だと気付きながらも、言葉だけ綺麗ごとを述べ、格好つけているのですから。紳士ならではの偽善とも言えましょう。主人公のそんな人柄が窺えるような訳文ができればよいですね。

> doubtless は、語釈に副詞だとありますが、「疑いがない」という意味の形容詞と考えられませんか？

> 無理です。というのは、この語は次の to set me at my ease「私を気楽にさせようとするために」という副詞句を修飾しているからです。副詞句の修飾は副詞の役目です。

Mr. Kelada was familiar❶. I do not wish to put on airs, but I cannot help feeling that it is seemly❷ in a total stranger to put mister before my name when he addresses me. Mr. Kelada, doubtless to set me at my ease, used no such formality❸. I did not like Mr. Kelada. I had put aside the cards when he sat down, but now, thinking that for this first occasion our conversation

4 正解 世間一般の「人」

　これまでに何回も触れましたが、これは世間一般の人々のことを表す you です。なので、「人がペイシャンスをやっている時」というふうに、「人」と訳すのがよいでしょう。この場合は、「自分が」でもよいですね。There is nothing more〜は、「〜以上のことはない」という意味です。exasperating は「腹立たしい、しゃくにさわる」という意味ですから、than 以下のことより腹が立つことはない、というわけですね。

　全体を訳すと、「人がペイシャンスをやっている時、人が自分のめくった札を見る機会を持つ前に、どこにその札を置くべきかを告げられることよりも、不愉快なことは他にない」となります。

There is nothing 〜と、過去の話に突然現在形が入ってきて、奇妙だと思ったのですけど、いいのですか？

過去、現在を問わず、真実であることは、当然現在形で記述しますからね。決しておかしくありませんから、本書でもいくつも例がありますよ。

had lasted long enough, I went on with my game.

"The three on the four," said Mr. Kelada.

There is nothing more exasperating when you❹ are playing patience than to be told where to put the card you have turned up before you have a chance to look for yourself.

訳

ケラーダ氏は無遠慮だった❶。私は気取っているつもりはないけれど、初対面の人がこちらに口をきく時は、名前の前にミスターを付けるのが礼儀だ❷と思っている。ところが、ケラーダ氏は、おそらくこちらをくつろがせようとしたのであろうが、こういう作法は一切守らない❸。嫌な奴だ。さて、彼が座った時、トランプは片付けたのだったが、もう初回としてはたっぷりしゃべったと思い、ゲームを始めた。

「4の上に3ですな」氏が口を挟んだ。

人❹がペイシャンスをやっている時、自分のめくった札を見る機会を持つ前に、どこにその札を置くべきかを告げられることよりも、不愉快なことは他にない。

"It's coming out, it's coming out❶," he cried. "The ten on the knave."

With rage and hatred in my heart I finished. Then he seized the pack❷.

"Do you like card tricks?"

"No, I hate card tricks," I answered.

"Well, I'll just show you this one."

He showed me three❸. Then I said I would go down to the dining-room and get my seat at the table.

"Oh, that's all right," he said, "I've already taken a seat for you❹. I thought that as we were in the same stateroom we might just as well sit at the same table❺."

I did not like Mr. Kelada.

knave「(トランプの) ジャック」／**rage**「怒り」／**hatred**「憎しみ」／
seized「掴み取った」

主人公は、ケラーダ氏にゲームを邪魔され、うんざりした様子。繰り返される「I did not like Mr. Kelada.」のフレーズに注目です。

設 問

1 物語の場面や文脈から考えて、It's coming out を直訳せずにうまく訳してみましょう。

2 the pack とは、何を指しているでしょう？　次のうち最も正しいものを選んでください。

1. 酒瓶
2. 手品
3. トランプ

3 He showed me three. とは、どういうことでしょうか？　直前のケラーダ氏の台詞とあわせて、ここから窺える彼の性格や、主人公の心情について考えてみてください。

4 下線部はケラーダ氏の台詞が直接話法で書かれていますが、この部分を間接話法に書き直してください。

5 一度目の as と二度目の as の用法に注意して、下線部を訳してみてください。

"It's coming out, it's coming out❶," he cried. "The ten on the knave."

With rage and hatred in my heart I finished. Then he seized the pack❷.

"Do you like card tricks?"

"No, I hate card tricks," I answered.

"Well, I'll just show you this one."

He showed me three❸. Then I said I would go down to the dining-room ↗

解 説

1 正解「出てきますよ！　出てきますよ！」

　ここでIt's coming outとは、「狙っている札が間もなく出てくる」という意味です。ケラーダ氏は、主人公がペイシャンスをするのを見ながら口を挟んでいるわけですね。本人はおそらく、声援を送っているつもりでしょう。もちろん、主人公はまったくありがたがってはいませんが。

---

2 正解 3. トランプ

　英語特有の、言い換えに関する問題ですよ。packには、イギリス英語で「トランプの1組」という意味があります。ですので、正解は「3. トランプ」ですね。アメリカ英語ではdeckといいます。つまりケラーダ氏は、ゲームを終えた主人公のトランプを奪い取ったわけです。全体を訳してみると、「心に憤怒と憎悪を秘めて、私はゲームを終えた。すると彼はトランプを握った」となりますね。

and get my seat at the table.

"Oh, that's all right," **he said, "I've already taken a seat for you❹**. I thought that as we were in the same stateroom we might just as well sit at the same table❺."

I did not like Mr. Kelada.

---

3 正解 **（主人公はうんざりしていたのに、それに気付かず）ケラーダ氏は手品を3つも見せた。**

まずは直前のやり取りをよく読んでみましょう。ケラーダ氏は主人公にトランプの手品が好きか尋ね、主人公は「大嫌いです」と答えています。にもかかわらず、「ひとつお見せしましょう」と言って勝手に手品をやり始めました。そして、結果的に「ケラーダ氏は3つ手品を見せた」のです。この記述から、ケラーダ氏の無遠慮さや無神経さ、そして主人公のうんざりした心情が想像できますね。

---

4 正解 he said that he had already taken a seat for me.

まず確認です。直接話法とは、登場人物の台詞を引用符（quotation marks〔" "〕）を用いて表現する方法をいい、間接話法とは、語り手の目線から登場人物の台詞を表現する方法をいいます。下線部は、ケラーダ氏の台詞が直接話法で書かれていますね。これを主人公の目線に立って、間接話法に書き直していきましょう。he said はそのままですが、引用符を使わない代わりに that を挿入します。これは、that 以下が彼の言った内容だと示しているのです。ケラーダ氏を示す主語 I は、he に換える必要がありますね。そして直接話法では I've already taken と現在完了形が使われていますが、間接話法では時制を一致させる必要がありますので、he said よりもさらに過去に起こった出来事ですから、he had already takenと過去完了形に書き換えましょう。そして最後にもうひとつ注意。ケラーダ氏から見ればa seat for you「あなたのための席」となりますが、主人公から見ればa seat for me「私のための席」となるのです。

---

5 正解 **我々は同じ船室だから、食堂でも同じテーブルについたほうがいい。**

まず初めに出てくるas we were in the same stateroomのasは、理由を表す接続詞として使われていますので、「我々は同じ船室なので」という意味になります。次にwe might just as well sit at the same tableのasは、just as wellで副詞「同様に〜したほうがいい」として使われていますので、「同様に、同じテーブルに座ったほうがいい」という意味ですね。これをつなげて全体を訳してみると、「同じ船室だから、食堂でも同じテーブルがいいと思いましてね」となります。

> stateroom は cabin の言い換えで、同じ意味ですね？

and get my seat at the table.

"Oh, that's all right," he said, "I've already taken a seat for you❹. I thought that as we were in the same stateroom we might just as well sit at the same table❺."

I did not like Mr. Kelada.

ええ、その通り。どちらも「船室」という意味です。

訳

「出てきますよ！ 出てきますよ！❶」彼は叫んだ。「ジャックの上に10」

　心に憤怒と憎悪を秘めて、私はゲームを終えた。すると彼はトランプ❷を握った。

「トランプの手品は好きですか」

「いや、大嫌いです」私は答えた。

「じゃあまあ、これだけ見せましょう」

　ケラーダ氏は3つ手品を見せた❸。それから、私は食堂に行って、席を確保しておくと言った。

「ああ、それは大丈夫ですよ。あなたの席は取っておきましたから❹。同じ船室だから、食堂でも同じテーブルがいい❺と思いましてね」

　ケラーダ氏は嫌な奴だ。

I not only shared a cabin with him and ate three meals a day at the same table, but I could not walk round the deck (   ) his joining me❶. It was impossible to snub him. It never occurred to him that he was not wanted❷. He was certain that you were as glad to see him as he was to see you. In your own house you might have kicked him downstairs and slammed the door in his face❸ without the suspicion dawning (   ) him❹ that he was not a welcome visitor. He was a good mixer, and in three days knew everyone on board. He ran❺ everything. He managed the sweeps, conducted the auctions, collected money for prizes at the sports, got up quoit and golf matches, organized the concert and arranged the fancy-dress ball.

語釈

snub = ignore／**he was not wanted**「望まれていなかった」／**He was certain**「彼は確信していた」／**not a welcome visitor**「歓迎されざる客」／**mixer**「社交家」／**sweeps**「富くじ」／**quoit**[kɔit]「輪投げ」／**fancy-dress ball**「仮装舞踏会」

主人公は、ケラーダ氏のおせっかいぶりに辟易しているようですね。そして彼の「社交家」ぶりは、船内でもすっかり有名になったようです。

設 問

1 下線部は、「デッキを散歩すれば、すぐに近寄ってくる」という意味の英文ですが、さて（　　　　）に入るのは次のうちどれでしょう？

1. when
2. without
3. otherwise

2 下線部を直訳すると、「彼が求められていないとは、彼に思い浮かぶことはまったくなかった」となりますが、これを自然な訳に直してみましょう。

3 「might have ＋過去分詞」の用法に気を付けて、下線部を訳してみてください。

4 下線部は、「～という疑惑が浮かぶことなしに」という意味の英文ですが、（　　　　）内に入る前置詞は何でしょうか？

without the suspicion dawning（　　　）him

5 この ran と同じ意味で使われている単語を、続く「He managed the sweeps～」の文から4つ抜き出してください。

（　　　　　）（　　　　　）（　　　　　）（　　　　　）

I not only shared a cabin with him and ate three meals a day at the same table, but I could not walk round the deck (　　　) his joining me❶. It was impossible to snub him. It never occurred to him that he was not wanted❷. He was certain that you were as glad to see him as he was to see you. In your own house you might have kicked him downstairs and slammed the door in his face❸ without the suspicion dawning (　　) him❹ that he was

---

解 説

1 正解 2. without

could not walk と、否定形になっていることに注意しましょう。この文全体は、not only〜but…構文になっていますね。「〜だけでなく、…である」という意味です。直訳すると、「私は彼と船室を共にし、日に3回同じテーブルで食事をしただけでなく、彼と一緒ではなくてはデッキの散歩もできなかった。相手にしないわけにもいかない」となります。

なお、ここでは without his joining me となっていますが、join の主語を表すのに his とするのはやや古風であり、現在は him のほうが多いでしょう。江川 §238「動名詞の意味上の主語」参照のこと（*cf.* I am proud of

snub を、英英辞典ではどう説明していますか？

If you snub someone, you deliberately insult them by ignoring them or by behaving rudely towards them.「誰かをスナッブする場合、その人を無視したり、あるいは、無礼な態度で接したりして、わざと侮辱するのです」。これはコウビルド英英辞典の場合です。

not a welcome visitor. He was a good mixer, and in three days knew everyone on board. He ran❺ everything. He managed the sweeps, conducted the auctions, collected money for prizes at the sports, got up quoit and golf matches, organized the concert and arranged the fancy-dress ball.

my father('s) being a self-made man.「私は父が自力で叩き上げた人間であることを誇りに思っています」)。

---

2 正解 自分が嫌がられているのに全然気付かなかったのだ。

　直訳すると、「彼が求められていないとは、彼に思い浮かぶことはまったくなかった」となりますが、これではあまりに不自然ですね。It never occurred to him は、「彼には全然思い浮かばなかった」と、「彼」を主語に訳したほうがよいでしょう。be not wanted は「必要とされていない」という意味ですが、この場合「嫌がられている」と訳したほうが、原意をよく伝えられるでしょう。

> not wanted は、行方『英文翻訳術』の暗記用例文 58（P.308）を思い出しました。確かマザー・テレサの言葉でしたね。

> 見事！　it is being unwanted という表現が出てきましたね。同じ表現です、確かに。

I not only shared a cabin with him and ate three meals a day at the same table, but I could not walk round the deck (　　　) his joining me①. It was impossible to snub him. It never occurred to him that he was not wanted②. He was certain that you were as glad to see him as he was to see you. In your own house you might have kicked him downstairs and slammed the door in his face③ without the suspicion dawning (　) him④ that he was ↗

3 正解 個人の家においても、人は彼を階段の下へと蹴落とし、面前でぴしゃりとドアを閉めたかもしれなかった

「might have ＋ kicked(過去分詞)」で、「蹴飛ばすこともあったかもしれない」という過去への弱い推量を表します。また、ここでのyourやyouが「あなた」ではなく、一般の「人」であることにも注意。SECTION 1-1(P.13) などにも出てきましたね。slam は、戸などを「ぴしゃりと閉める」という意味の動詞です。in his face は、「彼の面前で」という意味。

4 正解 on(またはupon)

dawn on(またはupon)で、「(意味・真実などが) わかり始める」という意味になります。この場合、「～という疑問が頭に浮かぶことなく」というふうに訳すと自然な日本語となってよいでしょう。

5 正解 managed、conducted、organized、arranged

ここでのran の用法は、「主催する、取り仕切る」という意味。したがって次の文から同じ意味の単語を抜き取っていくと、managed the sweeps「富くじを行った」のmanaged、conducted the auctions「オークションを行った」のconducted、organized the concert「コンサートを行っ

not a welcome visitor. He was a good mixer, and in three days knew everyone on board. He ran⑤ everything. He managed the sweeps, conducted the auctions, collected money for prizes at the sports, got up quoit and golf matches, organized the concert and arranged the fancy-dress ball.

た」の organized、arranged the fancy-dress ball「仮装舞踏会を行った」の arranged の4つになります。さらに、collected money for prizes at the sports「スポーツ大会の賞金を集めた」、got up quoit and golf matches「輪投げとゴルフの試合を立ち上げた」も、ran の言い換えの一種だと言えます。

> ### 訳
>
> 　船室を共に使い、同じテーブルで日に3回食事するのみならず、デッキを散歩すれば、すぐに近寄ってくる❶。相手にしないわけにもいかない。何しろ、自分が嫌がられているのに全然気付かなかったのだ❷。こちらと会って喜んでいて、こっちも同じだと思い込んでいる始末。これが個人の住宅だった場合、2階から玄関へまで蹴落とし面前で扉をぴしゃりと閉めたところで❸、それでも奴は自分が歓迎されぬ客だという疑いが頭に閃かないのだ❹。社交上手で、3日も経たぬうちに船の誰とでも知り合いになった。あらゆることを取り仕切った❺。富くじを考案し、オークションを行い、スポーツ大会の賞金を集め、輪投げとゴルフの試合を立ち上げ、音楽会を組織し、仮装舞踏会を計画した。

He was everywhere and always. He was certainly <u>the best hated man in the ship</u>❶. We called him Mr. Know-All, even to his face. He took it as a <u>compliment</u>❷. But it was at meal times that he was most intolerable. <u>For the better part of an hour</u>❸ then he had us at his mercy. He was hearty, jovial, loquacious and argumentative. <u>He knew everything better than anybody else</u>❹, and it was an affront to his overweening vanity that you should disagree with him. He would not drop a subject, however unimportant, till he had brought you round to his way of thinking. The possibility that he could be mistaken never occurred to him. <u>He was the chap who knew</u>❺.

語釈

intolerable「耐えられない」／**had us at his mercy**「支配下に置いた」／**hearty**「元気いっぱい」／**jovial**「陽気な」／**loquacious**「おしゃべりな」／**affront**「侮辱、無礼」／**overweening** = overconfident, arrogant／**drop a subject**「ある話題を止める、中止する」／**chap**「人、男、やつ」

イディオム

had brought you round「人を説得して意見を変えさせた」

ケラーダ氏の出しゃばりぶり、知ったかぶりは、他の乗客にも嫌われているようですが、肝心の本人はまったく気付いていない様子。そんな彼につけられたあだ名とは…？

設 問

1 下線部は、「船の中で最も嫌われている男」という意味ですが、このbestは古風な文語表現ですので、現代の言い回しに直してみてください。

the (　　　　　　) hated man in the ship

2 下線部complimentは、ここではどのような意味で使われているでしょうか？　文脈を考え、次の選択肢から選んでみてください。

　1.（心にもない）お世辞
　2.（心からの）賛辞
　3.（役に立つ）忠告

3 For the better part of an hour とは、一体どれくらいの時間を指しているのでしょうか？　具体的に答えてください。

4 これは客観的な事実でしょうか、それともケラーダ氏が自惚れてそう思っただけでしょうか？

5 He was the chap who knew. というのは、一体誰の考えでしょうか？

He was everywhere and always. He was certainly the best hated man in the ship**❶**. We called him Mr. Know-All, even to his face. He took it as a compliment**❷**. But it was at meal times that he was most intolerable. For the better part of an hour**❸** then he had us at his mercy. He was hearty, jovial, loquacious and argumentative. He knew everything better than ↗

解説

1 正解 most

best hated manで、「最も嫌われている男」という意味ですが、このbestは文語で、mostと同じ役割で使われています。したがって、答えは「most」。He was certainly～は、「彼は間違いなく～だった」という意味です。SECTION 1-9(P.66) で出てきたHe was certainは、「彼は確信していた」という意味でしたね。certainlyは副詞で、certainは形容詞です。うっかり混同しないように気を付けましょう。全体を訳すと、「船中で最も嫌われた男だったのは間違いない」となります。

---

2 正解 2. 賛辞

complimentは「お世辞」という意味もありますが、ここでは「2. 賛辞」が適当でしょう。人々が彼を「物知り博士」と呼ぶのを、「お世辞と取った」というのでは、その後の文章で述べられるケラーダ氏の行動と整合性が取れませんね。ケラーダ氏は自惚れの強い人物ですから、皆が皮肉で言っているのに気付かず、自分への「賛辞」だと思い込んでいたのです。なお、even to his faceで、「彼の面前でさえも」という意味になります。全体を訳すと、「皆が彼を面前でも「物知り博士」と呼んだ。ケラーダ氏はそれを賛辞と取った」となります。

anybody else❹, and it was an affront to his overweening vanity that you should disagree with him. He would not drop a subject, however unimportant, till he had brought you round to his way of thinking. The possibility that he could be mistaken never occurred to him. He was the chap who knew❺.

3 正解 ほとんど1時間全部

For the better(best) part of〜で、「〜の大部分、大半」という意味になります。なので、正解は「ほとんど1時間全部」。全体を直訳すると、「その時は1時間も我々を自分の慈悲のもとに置いた」となりますが、これが何を意味しているかわかりますか？ 「1時間の大半、我々を意のままに扱った」ということですね。

4 正解 ケラーダ氏が自惚れてそう思っただけ

これは「彼は何でも誰よりもよく知っていた」という客観的な事実ではなく、ケラーダ氏の自惚れ、思い込みですね。だから訳も、「『俺は誰よりもよく知っているぞ』と言うのだった」となります。

さて、文全体を見てみましょう。overweening vanity は、「身の程知らずの自惚れ」という意味。ですので、it was an affront to his overweening vanity を直訳すると「彼の身の程知らずの自惚れにとって侮辱だった」となりますが、もう少し訳を工夫したいところです。

なお、you should disagree の should は、驚きを表す should で、you should disagree with him は「人が彼に反対するなんて」という訳になります。この should については、江川 §203「should(3) 驚きなどの感情を表す文で」を参照してください。もちろん、you は一般の「人」を指す you ですね。

全体を文脈に沿って訳すと、「何でも他の人よりよく知っている気な

He was everywhere and always. He was certainly the best hated man in the ship**❶**. We called him Mr. Know-All, even to his face. He took it as a compliment**❷**. But it was at meal times that he was most intolerable. For the better part of an hour**❸** then he had us at his mercy. He was hearty, jovial, loquacious and argumentative. **He knew everything better than** ↗

ので、誰かが自分に反対するなんてことは、傲慢な虚栄心への侮辱だと取った」となります。

---

5 正解 ケラーダ氏本人

He was the chap who knew. 「彼は博識だった」というのは、さて、誰の考えでしょうか？　作者なり語り手なりの見解とは思えませんね。乗客全員は彼を「物知り博士」というあだ名をつけてからかっているのですから、本当に物知りだと思うはずがありません。そう、ケラーダ氏だけの意見です。作中人物の考えを述べた描出話法ですね。この部分を訳してみると、「自分が誤っている可能性は決して頭に浮かばなかった。俺は博識なのだ、と思い込んでいた」となります。

<u>anybody else</u>❹, and it was an affront to his overweening vanity that you should disagree with him. He would not drop a subject, however unimportant, till he had brought you round to his way of thinking. The possibility that he could be mistaken never occurred to him. <u>He was the chap who knew</u>❺.

訳

どこでもいつでも彼がいた。<u>船中で最も嫌われた男</u>❶だったのは間違いない。皆が彼を面前でも「物知り博士」と呼んだ。それを<u>賛辞</u>❷と取った。だが、食事の時こそ、彼が最も耐え難かったのだ。<u>1時間の大半</u>❸、我々を意のままに扱った。彼は張り切っていて、陽気で、おしゃべりだった。議論が大好きだった。<u>何でも他の人よりよく知っていると言わんばかりに</u>❹、誰かに反対されると、傲慢な虚栄心への侮辱だと取った。どんなつまらぬ話題であれ、人を自分の見解と同意させるまで、議論を終えることはない。自分が誤っている可能性は決して頭に浮かばなかった。<u>俺は博識なのだ、と思い込んでいた</u>❺。

Mr. Kelada stopped with his mouth open. He flushed deeply.

ケラーダ氏は口を開けたまま、沈黙した。
真赤になった。

We sat at the doctor's table❶. Mr. Kelada would certainly have had it all his own way, for the doctor was lazy❷ and I was frigidly indifferent, except for a man called Ramsay who sat there also. He was as dogmatic as Mr. Kelada and resented bitterly the Levantine's❸ cocksureness. The discussions they had were acrimonious and interminable.

Ramsay was in the American Consular Service and was stationed at Kobe❹. He was a great heavy fellow from the Middle West, with loose fat under a tight skin, and he bulged out of his ready-made clothes. He was on his way back to resume his post, having been on a flying visit to New York to fetch his wife who had been spending a year at home❺. Mrs. Ramsay was a very pretty little thing, with pleasant manners and a sense of humor.

語釈

had it all his own way「思い通りにした」／**frigidly**「冷淡に」／**indifferent**「無関心な」／**dogmatic**「独善的な」／**resented**「憤慨した」／**cocksureness**「独りよがり」／**acrimonious**「辛辣な」／**interminable**「果てしない」／ **was in the American Consular Service**「アメリカ領事館勤務だった」／**Middle West**「(アメリカの) 中西部」／**ready-made clothes**「既製服」／**thing**「(愛情を込めて) 人、やつ」女性や子供に使います。

ここで物語の重要人物、ラムゼイ氏とその妻が登場します。ケラーダ氏とラムゼイ氏は、どうやら犬猿の仲の様子ですよ。

設 問

1 doctorが誰を指すのかを明らかにして、下線部を訳してください。

2 ここで使われているlazyは、何に対してlazyなのでしょうか？ 物語の文脈を考え、次のうち最も正しいものを選んでください。

　1. 医者としての仕事に対して怠惰だった
　2. ケラーダ氏のおしゃべりに対して熱心ではなかった
　3. 同じテーブルの乗客たちに対してくつろいだ態度を取っていた

3 下線部はある登場人物を言い換えた表現ですが、一体誰のことを指すのでしょうか？

4 下線部の訳として正しいものは次のうちどれでしょう。

　1. 神戸に立ち寄った
　2. 神戸に配属されていた
　3. 神戸の鉄道事業に携わった

5 flying visitの意味に注意して、下線部を訳してみましょう。

We sat at the doctor's table❶. Mr. Kelada would certainly have had it all his own way, for the doctor was lazy❷ and I was frigidly indifferent, except for a man called Ramsay who sat there also. He was as dogmatic as Mr. Kelada and resented bitterly the Levantine's❸ cocksureness. The discussions they had were acrimonious and interminable.

Ramsay was in the American Consular Service and was stationed at ↗

解説

❶ 正解 私たちは船医のテーブルに座っていた。

doctorの意味を取り違えて、「我々は博士と同じテーブルに座っていた」などと訳してはいけませんよ。ここで出てくるdoctorとは、「自分を博識だと思い込んでいるケラーダ氏＝物知り博士」のことではなく、船の乗組員の一員である「船医」のことです。船医のテーブルとは、つまり船医がホストを務めているテーブル、ということですね。食事の席では、高級船員が各テーブルにホスト役として配置されているのです。船長がホスト役を務めるテーブルもあるし、機関士がいるテーブルもありましょう。

---

❷ 正解 2. ケラーダ氏のおしゃべりに対して熱心ではなかった

この船医が「怠惰」だというのは、ケラーダ氏のおしゃべりへの態度のことですね。つまり、「人の話など聞いていなかった」ということです。「1.医者としての仕事に対して怠惰だった」と言える根拠はないですし、その後の文章を読めばわかるように、船医はケラーダ氏に無関心のようですから、「3.同じテーブルの乗客たちに対してくつろいだ態度を取っていた」とは言えないでしょう。

Kobe❹. He was a great heavy fellow from the Middle West, with loose fat under a tight skin, and he bulged out of his ready-made clothes. He was on his way back to resume his post, having been on a flying visit to New York to fetch his wife who had been spending a year at home❺. Mrs. Ramsay was a very pretty little thing, with pleasant manners and a sense of humor.

さて、文全体を見てみましょう。「would certainly have ＋過去分詞」で、「～に間違いなかっただろうに」という意味ですね。except for は「～を除いては、～がなければ」の意。for the doctor was …の for は、原因・理由を表す for です。全体を訳すと、「もし同じテーブルにラムゼイという男がいなかったならば、ケラーダ氏は自分勝手に振る舞えるところだった。この医者は人の話など聞いてもいなかったし、私はよそよそしく無関心だったから」となりますね。

---

3 正解 ケラーダ氏

Levantine's で、「レバント人の」という意味です。the Levant は、ギリシャからエジプトまでの地中海東部沿岸諸国を言います。この地域の出身であろう、ケラーダ氏を指した言い換え表現ですが、日本語に訳す際には無理に訳出せず、無視して問題ありません。英語には、同じ言い回しを嫌う傾向があり、このように同一人物であっても様々な表現に言い換えることが多いのです。日本語にはない特徴ですから、むしろ「ケラーダ氏」に統一したほうがよいですね。なお、SECTION 1-6 で出てきた Alexandria(アレクサンドリア)、Beirut(ベイルート) は、レバント地方にある都市です。

We sat at the doctor's table❶. Mr. Kelada would certainly have had it all his own way, for the doctor was lazy❷ and I was frigidly indifferent, except for a man called Ramsay who sat there also. He was as dogmatic as Mr. Kelada and resented bitterly the Levantine's❸ cocksureness. The discussions they had were acrimonious and interminable.

Ramsay was in the American Consular Service and was stationed at ↗

---

4 正解 **2. 神戸に配属されていた**

　stationは、「駅」「場所」を表す名詞としてなじみ深い単語ですが、実はbe stationedで「部署につく、配置される」という意味になる他動詞でもあります。この部分全体を訳すと、「ラムゼイ氏はアメリカ領事館勤務で、神戸駐在だった。中西部出身の大柄なずっしりした男で、つんと張った皮膚の下には緩んだ脂肪があり、既製服から腹が突き出ていた」となります。

　ここで思いがけず神戸という地名が出てきました。ラムゼイ氏は、日本のアメリカ領事館に勤めているのです。さて、ケラーダ氏は一体何の目的でこの船に乗っているのでしょうか？　徐々に明らかになっていきますよ。

Kobe❹. He was a great heavy fellow from the Middle West, with loose fat under a tight skin, and he bulged out of his ready-made clothes. <u>He was on his way back to resume his post, having been on a flying visit to New York to fetch his wife who had been spending a year at home</u>❺. Mrs. Ramsay was a very pretty little thing, with pleasant manners and a sense of humor.

ラムゼイ氏の描写で、he bulged out of his ready-made clothes という表現が面白いと思いました。「腹が突き出ていた」という意味だとわかるのですが、主語が he なのは、英語では体の一部を he で表現するからですか？ I struck his head. より、I struck him on the head. というのが普通だと聞きました。

よく知っていますね。その通りです。「聞こえないよ」という日本語を、I cannot hear you. と言うのと同じですね。

---

5 **正解** **彼は1年間ニューヨークで過ごしていた妻を駆け足で迎えにきて、仕事に復帰するところだった。**

flying visit を「飛行機で」と思わず訳しそうになりますが、物語の舞台は1920年頃で、飛行機がまだ日常的に使われていない時代ですから、ありえませんね。実は、私自身も間違えたことがあるので、皆様も注意して下さい。flying visit で「慌ただしい訪問」が正解。

having been は、時を表す分詞構文です。「妻を迎えにきたあとで」というのです。理由・事情と取ってもよいかもしれません。分詞構文の意味は絶対にこうだ、とは言えないのです。

We sat at the doctor's table❶. Mr. Kelada would certainly have had it all his own way, for the doctor was lazy❷ and I was frigidly indifferent, except for a man called Ramsay who sat there also. He was as dogmatic as Mr. Kelada and resented bitterly the Levantine's❸ cocksureness. The discussions they had were acrimonious and interminable.

Ramsay was in the American Consular Service and was stationed at ↗

なお、wife ＝妻を修飾する who 以下の文が、「had ＋ been」の過去完了形になっているのは、妻が1年間をニューヨークで過ごしたのが、彼女を迎えに行った時点からさらに過去の話だからですね。

Kobe❹. He was a great heavy fellow from the Middle West, with loose fat under a tight skin, and he bulged out of his ready-made clothes. **He was on his way back to resume his post, having been on a flying visit to New York to fetch his wife who had been spending a year at home❺**. Mrs. Ramsay was a very pretty little thing, with pleasant manners and a sense of humor.

訳

私たちは船医のテーブルに座っていた❶。もし同じテーブルにラムゼイという男がいなかったならば、ケラーダ氏は自分勝手に振る舞えるところだった。この医者は人の話など聞いてもいなかったし❷、私はよそよそしく無関心だったから。ラムゼイ氏はケラーダ氏と同様に、独善的であり、ケラーダ氏の❸独りよがりにひどく立腹していた。2人の口論は激しく、際限がなかった。

　ラムゼイ氏はアメリカ領事館勤務で、神戸駐在だった❹。中西部出身の大柄なずっしりした男で、つんと張った皮膚の下には緩んだ脂肪があり、既製服から腹が突き出ていた。1年間ニューヨークで過ごしていた妻を駆け足で迎えにきて、仕事に復帰するところだった❺。ミセス・ラムゼイは小柄な可愛い人で、感じのよい物腰で、ユーモア感覚があった。

The Consular Service is ill❶ paid, and she was dressed always very simply; but she knew how to wear her clothes. She achieved an effect of quiet distinction. I should not have paid any particular attention to her❷ but that❸ she possessed a quality❹ that may be common enough in women, but nowadays is not obvious in their demeanour. You could not look at her without being struck by her modesty. It shone in her like a flower on a coat.

　One evening at dinner the conversation by chance drifted to the subject of pearls. There had been in the papers a good deal of talk about the cultured pearls which the cunning Japanese were making, and the doctor remarked that they must inevitably diminish the value of real ones. They were very good already; they would soon be perfect❺.

語釈

quiet distinction「控え目だが卓越した感じ、地味なのに目立つ様子」／**a good deal of talk**「多くの論議、噂話」／**cultured pearls**「養殖真珠」／**real ones**「天然真珠」この ones は既出の pearls を受けています。日本ではこの 2 つの真珠についてはあまり区別せず、両者とも同じだと思っています。日本で偽物、人造物と言えば、ガラス製のものを指すのが普通です。

イディオム

but that〜「〜でなければ」／**by chance**「偶然」

地味ですが上品なラムゼイ夫人。作者モーム好みの女性かもしれません。「真珠の養殖」の話題に、日本が登場することにも注目してみましょう。

1 ここで使われている副詞 ill の意味に、最も近い単語を選んでください。

1. sickly
2. angrily
3. poorly

2 「should ＋ have ＋過去分詞」に注意して、下線部を訳してみましょう。

3 but that～は、「～でなければ」という意味の熟語ですが、ここで but that は文のどこからどこまでかかっているのでしょうか？ 抜き出してみてください。

4 a quality は、具体的に何を意味しているのでしょうか？ 文脈から考えてみてください。

5 下線部は、ある人物の発言を描出話法で表現したものです。誰の発言かを考えて、訳してみてください。

The Consular Service is ill❶ paid, and she was dressed always very simply; but she knew how to wear her clothes. She achieved an effect of quiet distinction. I should not have paid any particular attention to her❷ but that❸ she possessed a quality❹ that may be common enough in women, but nowadays is not obvious in their demeanour. You could not look at her without being struck by her modesty. It shone in her like a flower on a coat. ↗

解説

---

1 正解 **3. poorly**

　ill は「病んでいる」という意味が一般的ですが、「不完全な、低い」という意味もあるのです。また、ここでは副詞として使われています。したがって、答えは 3. poorly「乏しく、不十分に」となります。

　では、The Consular Service is ill paid を、どう訳せばよいでしょうか？ ここは「領事館勤めは給料が低い」となりますね。続く and を、安易に「そして」と訳すのはやめましょう。この and は、「夫の給料が安いから、ラムゼイ夫人はいつも地味な服装をしている」という「理由」を表す and ですよ。she knew how to wear her clothes の訳にも注意。「彼女は服を着る方法を知っていた」などと直訳してはいけません。原文の意味を考え、「着こなしがうまい」と訳すとよいでしょう。

---

2 正解 **私は特に彼女に注意を払わなかったであろう**

　「should + have + 過去分詞」で、「〜だったであろうに」という意味です。典型的な仮定法過去完了ですね。通常ならば if 節を伴いますが、but that〜以下がその代わりとなっています。ここでは否定文になっていますので、「特別な注意は払わなかったであろう」となりますね。

One evening at dinner the conversation by chance drifted to the subject of pearls. There had been in the papers a good deal of talk about the cultured pearls which the cunning Japanese were making, and the doctor remarked that they must inevitably diminish the value of real ones. They were very good already; they would soon be perfect❺.

3 正解 she possessed a quality that may be common enough in women, but nowadays is not obvious in their demeanour.まで

　but that の意味を取り違えたり、but that がかかっているのは women までだと誤解して、「彼女は、女性に充分に共通かもしれないある性質を持っていただけなのだ。しかし、それは今日では女性の態度において明瞭ではない」などと訳してはいけませんよ。but that は、文末の demeanour までかかっています。

　but that〜は、「〜でなければ」という意味ですね (*cf.* I could go with you, but that I still have to finish this work. 「この仕事を終わらす必要がなければ、ご一緒できるのだが」)。

　この部分を直訳すると、「女性に共通するかもしれないが、しかし最近は女性の態度に目立たなくなってきたある特徴を、彼女が持っていなければ」となりますね。設問2、4と合わせて、全体の訳を考えていきましょう。

The Consular Service is ill❶ paid, and she was dressed always very simply; but she knew how to wear her clothes. She achieved an effect of quiet distinction. I should not have paid any particular attention to her❷ but that❸ she possessed a quality❹ that may be common enough in women, but nowadays is not obvious in their demeanour. You could not look at her without being struck by her modesty. It shone in her like a flower on a coat.

❹ 正解 女らしさ

　設問3で直訳した、「女性に共通するかもしれないが、しかし最近は女性の態度に目立たなくなってきたある特徴」とは一体何でしょうか？回りくどい表現をしていますが、つまりは「女らしさ」のことですね。主人公は、最近は珍しくなった「女らしさ」をラムゼイ夫人が備えている、と言っているのです。さらには続く文章で、彼女の「謙虚さ」を賛美し、「上着につけた花」にたとえています。

　それでは、設問2、3と合わせて全体を訳してみましょう。「もし彼女が、女性に共通なのだろうが、最近は女性の態度に目立たなくなってきた、ある特徴を持っていなければ、私は特に注意を払わなかったであろう」となりますね。「読解」であれば、ここまで訳せたら十分です。よりスムーズな「翻訳」の訳文が知りたい方は、別冊の私の訳と読み比べてみてください。

　この場面からは、作者モームの保守的な女性観を窺うこともできるのではないでしょうか。モームは女性を好意的に描写することが少ない作家だと言えますが、『大佐の奥方』のイーヴィと本作のラムゼイ夫人には、珍しく非常に好意的なまなざしを感じます。

One evening at dinner the conversation by chance drifted to the subject of pearls. There had been in the papers a good deal of talk about the cultured pearls which the cunning Japanese were making, and the doctor remarked that they must inevitably diminish the value of real ones. They were very good already; they would soon be perfect❺.

モームの女性観はわかりましたが、彼が実際に結婚した女性は女性的な人でしたか？

結婚したシリーという女性は、室内装飾で著名なやり手で、控え目でない、目立ちたがり屋でした。なお、モームは間もなく離婚しましたが、理由は彼女の性格のせいだけではなかったようです。詳しく知りたい方は、行方『モームの謎』（岩波書店）を読んでみてください。

The Consular Service is ill❶ paid, and she was dressed always very simply; but she knew how to wear her clothes. She achieved an effect of quiet distinction. I should not have paid any particular attention to her❷ but that❸ she possessed a quality❹ that may be common enough in women, but nowadays is not obvious in their demeanour. You could not look at her without being struck by her modesty. It shone in her like a flower on a coat. ↗

5 **正解** **もうすでに良質な養殖真珠を作るのに成功しているが、いずれ完璧になるでしょう、と言うのだった。（船医の発言）**

　下線部が、船医の発言を描出話法で表現したものであると理解するためには、まず前文をしっかりと読み解く必要があります。**There had been in the papers a good deal of talk** で、「新聞で盛んに話題になっていた」という意味。「had＋過去分詞」の過去完了形ですので、その時にはすでに話題になっていた、ということですね。about以下が、話題の具体的な内容です。cunning は「器用な」か「ずる賢い」か、はっきりとはわかりませんが、この時代の一般的な日本の評価とモームの人種的な偏見から推定すれば、後者の可能性が高いです。「ずる賢い日本人が養殖真珠を製造している」という新聞の話題に対して、船医が「天然の真珠の価値は下がらざるを得ないでしょう」と意見を述べているわけですね。

　そういったコンテクストを配慮すると、続く「今でさえ養殖真珠は良質であり、間もなく完全になるだろう」という一文が、船医の意見であることは一目瞭然です。これまで見てきたように、英語の小説の文章には、非常によくこの「描出話法」の表現が出現しますので、常に意識して、見落とさないように注意しておきましょう。

One evening at dinner the conversation by chance drifted to the subject of pearls. There had been in the papers a good deal of talk about the cultured pearls which the cunning Japanese were making, and the doctor remarked that they must inevitably diminish the value of real ones. <u>They were very good already; they would soon be perfect</u>❺.

訳

領事館勤めは給料が<u>低かった</u>❶から、彼女はいつも地味な服装だった。でも着こなしがうまかった。地味でも目立った。もし彼女が、女性に共通なのだろうが、最近は女性の態度に目立たなくなってきた、<u>ある特徴</u>❹を持っていなければ❸、<u>私は特に注意を払わなかったであろう</u>❷。彼女を見ていると、謙虚さに心を打たれるのだ。この特徴は、上着につけた花のごとく光っていた。

　ある晩、夕食の席で、会話がたまたま真珠に及んだ。ちょうど新聞で、ずる賢い日本人が養殖真珠を製造しているのが大きな話題を呼んでいたからだ。「天然の真珠の価値は下がらざるを得ないでしょう」と船医が意見を述べた。<u>もうすでに良質な養殖真珠を作るのに成功しているが、いずれ完璧になるでしょう</u>、と言うのだった❺。

Mr. Kelada, as was his habit❶, rushed the new topic. He told us all that was to be known about pearls❷. I do not believe Ramsay knew anything about them at all, but he could not resist the opportunity to have a fling at the Levantine, and in five minutes❸ we were in the middle of a heated argument. I had seen Mr. Kelada vehement and voluble before, but never so voluble and vehement as now. At last something that Ramsay said stung him, for he thumped the table and shouted❹.

"Well, I ought to know what I am talking about, I'm going to Japan just to look into this Japanese pearl business. I'm in the trade and there's not a man in it who won't tell you that what I say about pearls goes❺. I know all the best pearls in the world, and what I don't know about pearls isn't worth knowing."

語釈

rushed the new topic「新しい話題に向かって突進した」／
vehement「激烈な」／**voluble**「多弁な」／**stung**「感情を傷つけた」
sting の過去形です／**in the trade**「この業界に携わって」

イディオム

have a fling at「攻撃する」／**look into**「調査する」

真珠の話題をきっかけに、ケラーダ氏とラムゼイ氏が激しく口論する事態に。さて、一体なぜケラーダ氏はこんなに激高したのでしょうか？

設 問

1 ここでasは、どのような用法と意味で使われているのでしょうか？

----

2 下線部を直訳すると、「真珠に関して知るべきことすべてを我々に語った」となりますが、つまりどういうことでしょうか？　自然な訳に直してみてください。

----

3 下線部の解釈として、正しいのは次のうちどれでしょう？

1. 5分の間ずっと
2. 5分前には
3. 5分もすると

----

4 forの用法に注意して、下線部を訳してください。

----

5 ここでgoesはどのような意味で使われているのでしょうか？　前後の文から考えてみましょう。

Mr. Kelada, as was his habit❶, rushed the new topic. He told us all that was to be known about pearls❷. I do not believe Ramsay knew anything about them at all, but he could not resist the opportunity to have a fling at the Levantine, and in five minutes❸ we were in the middle of a heated argument. I had seen Mr. Kelada vehement and voluble before, but never so voluble and vehement as now. At last something that Ramsay said stung ↗

解 説

---

1 正解 関係代名詞的に使われる、接続詞の特殊な用法「～なのだが、～なので」

as was his habit の as については、江川 §64「As」の項に「関係代名詞的に使われるが、接続詞の特殊な用法と見てもよい」とあります。類似の用例として、As is usual with old people, our grandparents get up very early in the morning.「老人のご多分にもれず、うちの祖父母も朝は早起きです」、As is always the case with success, the last efforts were the greatest.「何かに成功する場合はいつもそうだが、追い込みの努力が最も大きかった」などを参照してください。

ここでは、「いつものことだが」という意味になりますね。全体を訳すと、「ケラーダ氏はいつものように新しい話題に食らいついた」となるでしょう。

---

2 正解 真珠についての基本情報を何から何までくどくどと語った。

「真珠に関して知るべきことすべてを我々に語った」が直訳ですが、これでは原文の意を伝えきれていません。主人公が、ケラーダ氏の「博識ぶり」にうんざりしていることを考慮してください。「真珠に関して知るべきことすべて」を語ったとは、つまり「いつものように、訊ねても

him, for he thumped the table and shouted❹.

"Well, I ought to know what I am talking about, I'm going to Japan just to look into this Japanese pearl business. I'm in the trade and there's not a man in it who won't tell you that what I say about pearls goes❺. I know all the best pearls in the world, and what I don't know about pearls isn't worth knowing."

いないのに知っていることをぺらぺらしゃべってきた」というニュアンスが込められている、皮肉のきいたコメントなのではないでしょうか。物語の背景や、登場人物のキャラクターを意識して訳すように心がけると、自然な訳文を作れるようになりますよ。

---

❸ 正解 3. 5分もすると

　in は「(今から)～経てば、～後に」という意味で、時の経過を表すことができます。なお、過去のある時点から「～後に」と表現したい時は、in ではなく、after を使いますね。inには「～の間に」という意味もありますが、文脈を見て判断できるでしょう。ラムゼイ氏は「ケラーダ氏を攻撃するチャンス」を見逃さず、彼に口論を仕掛け、2人は激高していきます。そんな言い争いが、「5分の間」だけで収まるはずはないでしょう。5分も経たないうちに、2人の言い争いが激化していった、という受け取り方が自然です。したがって、正解は3.です。

　ところで、主人公はここでもまた、ケラーダ氏を the Levantine「レバント人」と言い換えていますね。いまだにケラーダ氏の出自にこだわっていることを表していますが、Mr. Kelada という語の繰り返しを避けたかったからでもあります。

Mr. Kelada, as was his habit❶, rushed the new topic. He told us all that was to be known about pearls❷. I do not believe Ramsay knew anything about them at all, but he could not resist the opportunity to have a fling at the Levantine, and in five minutes❸ we were in the middle of a heated argument. I had seen Mr. Kelada vehement and voluble before, but never so voluble and vehement as now. At last something that Ramsay said stung

at all はどこにかかるのですか？　また、その用法は？

I do not believe at all とかかり、believe を強く否定しています。「まったく信じない」という意味ですね。

---

4 **正解** **とうとう、ラムゼイ氏の発言でケラーダ氏はひどくかっとした。というのも、彼(ケラーダ氏)がテーブルを叩いてどなったからだ。**

　ここで、forは「〜のために」という意味の前置詞ではなく、前文の理由を表す接続詞として機能しています。「〜というのも」という意味で捉えるとよいでしょう。この部分を直訳すると、「とうとうラムゼイ氏の言った何かが彼を苛立たせた。その証拠に、彼はテーブルを叩き叫んだのだ」となります。苛立ったとわかったのは、〜したからだった、ということです。「ラムゼイ氏の言った何か」を主語にすると、無生物主語をあまり使わない日本語ではどうしても不自然になりますから、「ケラーダ氏」が主語になるように工夫して訳してみましょう。

him, for he thumped the table and shouted❹.

"Well, I ought to know what I am talking about, I'm going to Japan just to look into this Japanese pearl business. I'm in the trade and there's not a man in it who won't tell you that what I say about pearls goes❺. I know all the best pearls in the world, and what I don't know about pearls isn't worth knowing."

5 正解 通用する

go には、「通用する、流通する」という意味があります（*cf.* This credit card goes all over the world.「このクレジットカードは全世界で通用します」）。

まず、この goes の主語は、直前の pearls ではなく what I say about pearls ですよ。それがわかると、「通用する」もおのずと出てくるのではないでしょうか。

さて、下線部は一体何を意味しているのでしょうか？　直訳すると、「私はこの業界で働いており、私の真珠に関する発言が通用すると言わない者は、業界に1人もいない」となりますが、もう少し工夫してみましょう。I'm in the trade は、「まさにその真珠業界の者」とすると、原意をよく捉えられると思います。「通用すると言わない者」というのは回りくどい表現ですから、「私が真珠に関して述べることが誤りだなどと言う者は、業界に1人だっているものか！」などとするとよいでしょう。

Mr. Kelada, as was his habit❶, rushed the new topic. He told us all that was to be known about pearls❷. I do not believe Ramsay knew anything about them at all, but he could not resist the opportunity to have a fling at the Levantine, and in five minutes❸ we were in the middle of a heated argument. I had seen Mr. Kelada vehement and voluble before, but never so voluble and vehement as now. At last something that Ramsay said stung

I ought to know what I am talking about というのは、どんな感じの表現ですか？　決まり文句でしょうか？

よくわかった上で話しているのだから、口から出まかせを言っているのでない、というニュアンスです。「正確な知識に基づいて語っている」とも訳せます。口論でよく使われますから、一種の決まり文句と考えていいです。ought to は「〜する義務がある」という意味もありますが、ここでは「当然の期待」を表して、「〜のはずだ」となります。自分は専門家だから当然知っている、というのです。

him, for he thumped the table and shouted❹.

"Well, I ought to know what I am talking about, I'm going to Japan just to look into this Japanese pearl business. I'm in the trade and there's not a man in it who won't tell you that what I say about pearls goes❺. I know all the best pearls in the world, and what I don't know about pearls isn't worth knowing."

訳

ケラーダ氏はいつものように❶新しい話題に食らいつき、真珠についての基本情報を何から何までくどくどと語った❷。ラムゼイ氏が真珠について多少でも知識があったとは思えないが、ケラーダ氏を攻撃するチャンスを見逃せなかったのだ。5分もすると❸我々は激しい口論の渦中にいた。以前にもケラーダ氏が激高してしゃべったのを見たが、今ほど激高したのは初めてだった。ついに、ラムゼイ氏の発言でかっとなったケラーダ氏はテーブルを激しく叩き、大声で言った❹。

「私はだね、まっとうなことを言っているんだ。今まさに、日本の真珠業の調査に行くところなのだ。この業界に身を置いているのであり、私が真珠に関して述べることが誤りだなどと言う者は、業界に1人だっているものか❺！ 世界中の最高の真珠を知っている。私の知らぬことは、知る価値のないことだ」

Here was news for us, for Mr. Kelada❶, with all his loquacity, had never told anyone what his business was. We only knew vaguely that he was going to Japan on some commercial errand. He looked around the table triumphantly.

"They'll never be able to get a cultured pearl that an expert like me can't tell (   ) half an eye❷." He pointed to a chain that Mrs. Ramsay wore. "You take my word for it❸, Mrs. Ramsay, that chain you're wearing will never be worth a cent less than it is now."

Mrs. Ramsay in her modest way❹ flushed a little and slipped the chain inside her dress. Ramsay leaned forward. He gave us all a look and a smile flickered in his eyes❺.

"That's a pretty chain of Mrs. Ramsay's, isn't it?"

語釈

loquacity「口数が多いこと」／**vaguely**「ぼんやりと、漠然と」／
triumphantly「得意満面の表情で」／**chain**「ネックレス」

とうとうケラーダ氏の職業や旅の目的が明らかになりました。ここから物語は、思わぬ方向へ転がっていくのです。

1 for us の for と、for Mr. Kelada の for の、用法の違いを説明してください。

2 下線部は「私のような専門家がやすやすと判定できない」という意味ですが、さて（　　　）内に入る前置詞は何でしょうか？

an expert like me can't tell（　　　）half an eye

3 下線部の意味に近い訳を選んでください。

1. 私の言うことを信じなさい
2. 私の話を教えてあげなさい
3. 私の言葉を真似しなさい

4 in her modest way を直訳すると、「彼女の謙虚な方法で」となりますが、より自然な訳に修正してみましょう。

5 a smile とは一体どんな smile なのか考えて、下線部を訳してください。

Here was news for us, for Mr. Kelada❶, with all his loquacity, had never told anyone what his business was. We only knew vaguely that he was going to Japan on some commercial errand. He looked around the table triumphantly.

"They'll never be able to get a cultured pearl that an expert like me can't tell (　　　) half an eye❷." He pointed to a chain that Mrs. Ramsay wore.

解 説

1 正解 for usのforは、前置詞「〜にとって」の意味。for Mr. Kelada のforは、理由を表す接続詞で「〜というのも」の意味。

　forが続けて出てくるので、思わず「我々にとってもケラーダ氏にとってもニュースだった」と誤訳しそうになりますが、for Mr. Kelada の for は、SECTION 2-3(P.100) に出てきたforと同様に、理由を表す接続詞です。with all は譲歩を表し、「〜にもかかわらず」という意味。

　この部分を直訳すると、「これは我々にとってニュースだった。というのも、ケラーダ氏はおしゃべりであるにもかかわらず、決して誰にも、自分の仕事が何なのか言わなかったのだ」となります。

---

2 正解 with

　with half an eyeで、「ちらりと見ただけで、やすやすと」という意味の熟語です。なお、tellの訳にも注意。tellには我々になじみ深い「言う、伝える」という意味の他にも、「見分ける」という意味があるのです。can't tell で「判定できない」と訳すとよいでしょう。

　ところで、このThey「彼ら」とは一体誰のことでしょう？　文脈から判断するに、「養殖真珠を作っている日本人」のことですね。このケラーダ氏の台詞を訳してみると、「日本人は、私のような専門家がやす

"You take my word for it❸, Mrs. Ramsay, that chain you're wearing will never be worth a cent less than it is now."

Mrs. Ramsay in her modest way❹ flushed a little and slipped the chain inside her dress. Ramsay leaned forward. He gave us all a look and a smile flickered in his eyes❺.

"That's a pretty chain of Mrs. Ramsay's, isn't it?"

やすと判定できないような養殖真珠を作ることは絶対にできませんよ」となります。

---

3 正解 1. 私の言うことを信じなさい

take my word for it で、「私の言うことを本当だと思いなさい」という意味の熟語です。したがって、正解は1. ですね。文脈に合わせて、「安心していいですよ」くらいに訳すとよいでしょう。なお、be worth less than〜で、「〜の価値に届かない」という意味ですので、never be worth a cent less than it is now は、「今の値段に1セントでも届かないことはありえない」が直訳です。

自然な日本語になるよう工夫して全体を訳すと、「安心なさっていい。奥さん、今つけていらっしゃるネックレスは今後も1セントだって価値は下がりません」となります。

Here was news for us, for Mr. Kelada❶, with all his loquacity, had never told anyone what his business was. We only knew vaguely that he was going to Japan on some commercial errand. He looked around the table triumphantly.

"They'll never be able to get a cultured pearl that an expert like me can't tell (　　　) half an eye❷." He pointed to a chain that Mrs. Ramsay wore. ↗

❹ 正解 恥ずかしそうに

in someone's own modest way で、「～らしい謙虚さで」という意味になります。ここでは、次に続く語がflushed「顔を赤くした」なので、「恥ずかしそうに」と訳すと自然です。全体を訳すと、「ミセス・ラムゼイは、恥ずかしそうに赤面し、ネックレスを服の内側にそっとしまった」となります。

それにしても、なぜラムゼイ夫人はすぐにネックレスを服の中にしまってしまったのでしょうか？　もちろん夫人の謙虚さによる部分もあるでしょうが、理由はそれだけではなさそうですね。

❺ 正解 彼はテーブルの全員を見回して、ニヤリとした。

smileを、コンテクストを考えず機械的に「微笑」とする癖は直したほうがよいでしょう。「攻撃するチャンス」を狙い、激しく口論している相手に、果たして「微笑」するでしょうか？　相手をやり込めるアイディアが浮かんで、「にやっとした」と考えるのが自然ですね。さらに文章を読み進めていくと、はっきりラムゼイ氏のsmileの意図が読み取れるでしょう。

なお、flickerは「ちらちら揺れる、さっと浮かぶ」という意味です。a smile flickered in his eyesを直訳すると、「目の中にニヤリとした笑いがさっと浮かんだ」となりますが、「目の中に笑いが浮かぶ」という表

"You take my word for it❸, Mrs. Ramsay, that chain you're wearing will never be worth a cent less than it is now."

Mrs. Ramsay in her modest way❹ flushed a little and slipped the chain inside her dress. Ramsay leaned forward. He gave us all a look and a smile flickered in his eyes❺.

"That's a pretty chain of Mrs. Ramsay's, isn't it?"

現は不自然なので、「ニヤリとした」と訳すのはいかがでしょうか。

訳

これは新情報だった。ケラーダ氏は❶あんなに口数が多いのに、これまで、私はこれこれの仕事をやっている、とは一度も言わなかったのだ。何かの商用で日本に行くというのは、漠然と皆が推測しているだけだった。勝ち誇ったようにテーブルを見回した。
「日本人は、私のような専門家がやすやすと判定できない❷ような養殖真珠を作ることは絶対にできませんよ」それからミセス・ラムゼイのつけていたネックレスを指さした。「奥さん、今つけていらっしゃるネックレスは今後も1セントだって価値は下がりません。安心なさっていい❸」
　ミセス・ラムゼイは、恥ずかしそうに❹赤面し、ネックレスを服の内側にそっとしまった。夫は前のめりになった。テーブルの全員を意味ありげに見回した。目はニヤリとしたようだった❺。
「家内のしているネックレスは綺麗でしょ？」

"I noticed it at once," answered Mr. Kelada. "Gee, I said to myself, those are pearls all right❶."

"I didn't buy it myself, of course. I'd be interested to know how much you think it cost❷."

"Oh, in the trade somewhere round fifteen thousand dollars❸. But if it was bought on Fifth Avenue I shouldn't be surprised to hear anything up to thirty thousand was paid for it❹."

Ramsay smiled grimly.

"You'll be surprised to hear that Mrs. Ramsay bought that string❺ at a department store the day before we left New York, for eighteen dollars."

Mr. Kelada flushed.

語釈

Gee「うーん」軽い驚き、賞賛を表します／Fifth Avenue「五番街」ニューヨークの目抜き通りで、高級店が並んでいます／grimly「凄味のある感じで」

ケラーダ氏とラムゼイ氏の、夫人の真珠をめぐる口論はどんどんヒートアップしていきます。主人公たちは、ハラハラと事の成り行きを見守ります。

設 問

1 those are pearls all right が具体的にどんな真珠のことを言っているのかを明らかにして、下線部を訳してみてください。

2 下線部は仮定法の文章ですが、if にあたる部分はどこでしょうか？

3 下線部を直訳すると、「おお、どこかの取引では1万5千ドルを巡回しています」となりそうですが、より自然で正確な訳に直してください。

4 should の意味に注意して、下線部を訳してみましょう。

5 この string は、既出の単語を言い換えた表現ですが、どの単語の言い換えでしょうか？　次から選んでください。

1. Fifth Avenue
2. chain
3. pearl

"I noticed it at once," answered Mr. Kelada. "Gee, I said to myself, those are pearls all right❶."

"I didn't buy it myself, of course. I'd be interested to know how much you think it cost❷."

"Oh, in the trade somewhere round fifteen thousand dollars❸. But if it was bought on Fifth Avenue I shouldn't be surprised to hear anything up to

---

解 説

1 **正解** **うーん、あれこそ本物の真珠だな、と独り言を言いました。**

those are pearls all right とは、直訳すると「あれらは申し分のない真珠だ」という意味です。I said to myself は、「独り言を言う」という意味。ラムゼイ夫人の真珠を見て、思わず独り言を言ってしまうほどだったと、ケラーダ氏は手放しで賞賛しているのですね。それに対し、ラムゼイ氏は「もちろん私が買ったものではないですよ」と返答しています。しかし、その発言には何やら含みがありそうです。

ラムゼイ氏は I didn't buy it myself, of course. と言っていますが、アメリカでは妻のアクセサリーは夫が買って贈るのが普通ではありませんか？

ええ、そうですね。いくら忙しかったにせよ、この夫は妻を顧みない男だという証拠かもしれません。

thirty thousand was paid for it❹."

Ramsay smiled grimly.

"You'll be surprised to hear that Mrs. Ramsay bought that string❺ at a department store the day before we left New York, for eighteen dollars."

Mr. Kelada flushed.

---

2 正解 慣用表現なのでifの部分は考えなくてよい

I'd be interested to know は、丁寧や控え目を表す仮定法の文ですね。でもこの表現は、たとえばI'd like to know.「できれば知りたいものです」などと同じく、慣用表現化していますから、特に隠れたifの部分を考える必要はありません。江川 §178「If-節に相当する語句がない場合」の(2)「慣用表現化している例」参照（*cf.* I would like to live here (if I could find a house).「ここに住みたいものです（家が見つかればの話ですけどね）」）。しいて補うとすれば、という例ですから、一般的にはほとんど意識に上らないくらいの条件なのです。この問いの場合も、しいて補えば、たとえばif you would answer me.「あなたが答えてくだされば の話ですけども」となるでしょう。全体を直訳すれば、「もし教えて頂ければ、とても興味をそそられましょうね」となります。より自然な日本文として、「いくらしたとあなたがお考えなのか、もし差支えなければ、伺いたいものです」なども結構ですね。

さて、ラムゼイ氏は一体なぜ、天敵のケラーダ氏に対して、丁寧さを表す仮定法を用いたのでしょうか？　そう、ラムゼイ氏は、自分の勝利を確信したので、ここでは丁寧な表現をわざと用いたのです。こういった細かな言い回しからも、登場人物の意図やキャラクターを深く読み込むことができますね。行方『英語の発想がよくわかる表現50』P.143「仮定法は仮定だけではない！」、P.146「英語に敬語はない？」などをご参照ください。

"I noticed it at once," answered Mr. Kelada. "Gee, I said to myself, those are pearls all right❶."

"I didn't buy it myself, of course. I'd be interested to know how much you think it cost❷."

"Oh, in the trade somewhere round fifteen thousand dollars❸. But if it was bought on Fifth Avenue I shouldn't be surprised to hear anything up to

to know のところを I am interested in knowing how much you think it cost. と言い換えることは可能ですか？

可能です。ただ、そうすると、ぶっきらぼうな表現になり、わざと丁寧な言い方にする嫌味のニュアンスが出ません。

---

❸ 正解 そうですなあ。業界内部なら1万5千ドル前後です。

　somewhere round を字面から判断して「どこかでぐるっと巡回して」などと勘違いしてはいけませんよ。この2語はいずれも「大体、おおよそ」の意味の副詞です。in the trade は、「同業者間では」という意味。市場に出回る前の、業者間での金額についてまず述べている点から、ケラーダ氏が「業界人」としての顔を強調し、自分が真珠のプロフェッショナルであると素人のラムゼイ氏にアピールしていることがわかります。

thirty thousand was paid for it❹."

Ramsay smiled grimly.

"You'll be surprised to hear that Mrs. Ramsay bought that string❺ at a department store the day before we left New York, for eighteen dollars."

Mr. Kelada flushed.

somewhere も round も共に「およそ」という意味なのなら、どちらかひとつだけでいいのではありませんか？

そうですが、宝石の値段というものは、幅が大きいので、不確実性を強調するためにあえて2つ使ったのでしょう。

---

❹ 正解 3万ドルまでの金額が支払われたと聞いても驚きませんよ。

should を反射的に「～しなければならない」と訳すのはやめましょう。この should は「当然の推量」を表すので、I shouldn't be surprised で、「きっと驚かないだろう」という意味になります（江川 §203「should(2)」参照）。anything up to thirty thousand の訳にも注意。anything up to ～「～までのどんなものでも」という意味ですので、ここでは「3万ドルまでのどんな金額でも」という訳が適切でしょう。具体的な金額を出して自信満々のケラーダ氏ですが、はたしてラムゼイ氏の反応は…？

"I noticed it at once," answered Mr. Kelada. "Gee, I said to myself, those are pearls all right❶."

"I didn't buy it myself, of course. I'd be interested to know how much you think it cost❷."

"Oh, in the trade somewhere round fifteen thousand dollars❸. But if it was bought on Fifth Avenue **I shouldn't be surprised to hear anything up to**

「3万ドルまでのどんな金額でも払う」というのは、うっかりして聞くと、あまり高い感じがしませんね。思い切って、「3万ドル近くしたとしても」などと訳してはいけませんか？

結構ですよ。それくらいの細かい意訳は、文学の翻訳では問題なしです。「最高で3万ドルはします」でもOKです。

---

5 正解 **2. chain**

　英語特有の言い換え表現の問題です。stringとは「ひも、数珠つなぎになったもの」という意味ですが、さて何を意味しているのでしょうか？　そう、ラムゼイ夫人が身につけている真珠のネックレスのことですね。ですので、正解は「2. chain」です。3のpearlでもよいのでは、と思う方もいるかもしれませんが、「数珠つなぎになったもの」ですから、1粒の真珠を指しているとは考えにくいでしょう。a string of pearls「一連の真珠」という表現もあります。

　なお、department storeは「デパート」という意味ですが、日本と違って、アメリカでは高級品をデパートで買うことはあまりないのです。そういった背景も考慮し、全体を訳してみると、「ニューヨークを発つ前

thirty thousand was paid for it❹."

Ramsay smiled grimly.

"You'll be surprised to hear that Mrs. Ramsay bought that string❺ at a department store the day before we left New York, for eighteen dollars."

Mr. Kelada flushed.

日、家内はそのネックレスをデパートで18ドルで購入したと聞いたら、あんたも驚きましょうなあ！」となります。

訳

「ええ、すぐに気付きました。うーん、あれこそ本物の真珠だな、と独り言を言いました❶」

「あれ、もちろん私が買ったのではないんですが、あなた、いくらしたと思われますか。もしよければ伺いたいものですな❷」

「そうですなあ。業界内部なら１万５千ドル前後です❸。しかし、五番街で買ったとすれば、３万ドルまでの金額が支払われたと聞いても驚きませんよ❹」

ラムゼイ氏は凄味のある笑みを浮かべた。

「ニューヨークを発つ前日、家内がそのネックレス❺をデパートで18ドルで購入したと聞いたら、あんたも驚きましょうなあ！」

ケラーダ氏は真赤になった。

"Rot. It's not only real, but it's as fine a string for its size as I've ever seen❶."

"Will you bet on it? I'll bet you a hundred dollars it's imitation."

"Done❷."

"Oh, Elmer, you can't bet on a certainty," said Mrs. Ramsay.

She had a little smile on her lips and her tone was gently deprecating❸.

"Can't I? If I get a chance of easy money like that I should be all sorts of a fool not to take it❹."

"But how can it be proved?" she continued. "It's only my word against❺ Mr. Kelada's."

語釈

Rot「馬鹿な！」間投詞です／**all sorts of a fool**「あらゆる種類の愚か者」

とうとう2人は、真珠の真贋をかけて賭けをすることに。ラムゼイ夫人が、慌ててとりなそうとしますが…。

設 問

1 not only〜but…と、as〜as…の用法に気を付けて、下線部を訳してみてください。

---

2 Will you bet on it? と未来形で尋ねられているにもかかわらず、なぜその返答がdoの過去分詞であるDone. なのでしょうか？

---

3 下線部のdeprecatingの用法と訳として、正しいものを選んでください。

1. 現在進行形「非難している」
2. 現在分詞「非難するような」
3. 動名詞「非難すること」

---

4 下線部を不注意に訳すと、「もしこのように簡単なお金を手に入れる機会を得たら、私はそれを取らないようあらゆる種類の愚か者にならなければならない」となってしまいます。添削し、自然な訳に直してください。

---

5 againstは反対を意味する前置詞ですが、それでは賛成を意味する時はどんな前置詞を入れればよいでしょうか？

"Rot. It's not only real, but it's as fine a string for its size as I've ever seen❶."

"Will you bet on it? I'll bet you a hundred dollars it's imitation."

"Done❷."

"Oh, Elmer, you can't bet on a certainty," said Mrs. Ramsay.

解説

❶ 正解 それは本物であるだけでなく、私がこれまで見た、そのサイズの どんな品と比べても同じくらい綺麗だ。

as fine a string for its size as I've ever seen をうまく訳せるかがポイントになってきます。直訳すると、「私が見たことのあるものと、そのサイズにおいて同じくらい素晴らしいネックレスだ」となります。なお、as に挟まれている語句が、a fine string ではなく、fine a string となっている点にも注目です。as～as … という副詞句を、「a＋形容詞＋名詞」に適用する場合には、形容詞を「a＋名詞」の前に出さなければなりません。for its size もくっついていますが、これは属性を表し、「そのサイズとしては」という意味ですね。ここではさらに、not only～but…構文も使われていますので、「それは本物であるだけでなく、～でもある」という形に訳す必要があります。

---

❷ 正解 間投詞的に、「よし決めた」の意味で使われているから。

ラムゼイ氏はケラーダ氏に、"Will you bet on it? I'll bet you a hundred dollars it's imitation."「賭けますか？　私はそれが偽物だと100ドル賭けます」と訊いています。それに対するケラーダ氏の回答は、"Done."「受けます」というもので、I will. などでないことに違和感を覚える方もいらっしゃるでしょう。確かにdone はdo の過去分詞で、「すでに終わっ

She had a little smile on her lips and her tone was gently <u>deprecating</u>❸.

"Can't I? If I get a chance of easy money like that I should be all sorts of <u>a fool not to take it</u>❹."

"But how can it be proved?" she continued. "It's only my word <u>against</u>❺ Mr. Kelada's."

た」という意味になりますが、実は間投詞的に「よし決めた、よろしい」という使われ方もするのです。

このあとラムゼイ夫人は、"Oh, Elmer, you can't bet on a certainty,"「まあ、エルマー、確実なことに賭けるのはできないことです」と言っていますが、Elmerとはラムゼイ氏の名前ですか？

そうです。You だけでもいいのに、名前を言ったのは、一種の強調であり、夫人が動揺している表れでしょう。

---

❸ 正解 2. 現在分詞「非難するような」

ここでの deprecating の意味は、「非難するような」が正解。deprecate ＋ ing の現在分詞です。江川 § 228「基本用法（2）補語として」に、「be 動詞の補語になるが、進行形と混同しないこと」と注意があります（cf. The movie was beautiful and moving.「映画は美しく感動的だった」。この move は「感動させる」という意味の他動詞ですね）。この部分を訳すと、「夫人は口元に微笑みを浮かべ、やや非難めいた口調で言った」となりますね。

"Rot. It's not only real, but it's as fine a string for its size as I've ever seen❶."

"Will you bet on it? I'll bet you a hundred dollars it's imitation."

"Done❷."

"Oh, Elmer, you can't bet on a certainty," said Mrs. Ramsay.

her tone was gently deprecating の deprecating が、他動詞 deprecate「非難する」に ing をつけた現在分詞で、形容詞の役割を果たしていると学びました。もっと他の例も教えてください。

日本の英語学習者がよく間違える事項ですので、しっかり覚えてください。The book was interesting. の interest も、もともとは「面白がらせる」という他動詞。You are boring.「君は（人を）退屈させるね」の bore も「退屈させる」という他動詞。同様に、excite は「興奮させる」という意味の他動詞なのに、She is exciting. を「彼女は興奮している」などと誤訳する人が多いのですよ！　正しくは「彼女は（人を）興奮させるような女性だ」とすべきです。念のために、「トムは興奮している」を英訳すれば、Tom is excited. と過去分詞で受身形にするのです。もし自信がなければ、文法書で確認してください。

She had a little smile on her lips and her tone was gently underlining deprecating❾.

"Can't I? If I get a chance of easy money like that I should be all sorts of a fool not to take it❹."

"But how can it be proved?" she continued. "It's only my word against❺ Mr. Kelada's."

---

4 正解 **このようなあぶく銭を得られる機会を逃したら、おれはひどく馬鹿だと思われるだろうよ。**

　誤訳の「もしこのように簡単なお金を手に入れる機会を得たら、私はそれを取らないようあらゆる種類の愚か者にならなければならない」を、修正していきましょう。まず、easy money を「簡単なお金」と直訳するのはいけませんね。容易に手に入るお金、つまり「あぶく銭」という意味です。また、should を「～でなければならない」と取り違えていますが、正しくは「～に違いない、～であろう」ですね。さらに、直訳は原文に沿って訳していますが、実はここが逆説的な表現になっていることに気付いてください。「このような機会があるのに、それを逃すような奴はとんでもない愚か者だ」という意味で言っているのですね。all sorts of a fool は、確かに「あらゆる種類の愚か者」と訳せますが、つまりは「とんでもない愚か者」を指しているわけです。日本語として違和感のないよう、工夫して訳してみてください。

not to take it という不定詞に、if 節が隠れていると考えていいですね？

そうです。if I didn't take it と言い換えてもいいです。

"Rot. It's not only real, but it's as fine a string for its size as I've ever seen❶."

"Will you bet on it? I'll bet you a hundred dollars it's imitation."

"Done❷."

"Oh, Elmer, you can't bet on a certainty," said Mrs. Ramsay.

5 正解 for

　反対の場合はagainstを使いますが、賛成の場合に使われる前置詞はforです。非常によく使われる表現ですので、この機会に、「反対のagainst、賛成のfor」と覚えておきましょう。It's only my word against Mr. Kelada's. を直訳すると、「ケラーダさんの言葉に反対する私の言葉だけです」となりますが、もう少し訳文を工夫したいですね。But how can it be proved?「でも、どうやれば証明できるの？」を受けての発言ですので、「私が、ケラーダさんがおっしゃるのは間違いだと言うだけじゃありませんか」と訳せばよいでしょう。

how can it be proved? の it は、何を受けていますか？

漠然と「そのこと」、つまり安い偽物だということを指します。

She had a little smile on her lips and her tone was gently deprecating❸.

"Can't I? If I get a chance of easy money like that I should be all sorts of a fool not to take it❹."

"But how can it be proved?" she continued. "It's only my word against❺ Mr. Kelada's."

訳

「馬鹿な！　それは本物であるだけでなく、私がこれまで見た、そのサイズのどんな品と比べても同じくらい綺麗だ❶」

「それで賭けますか？　私はそれが偽物だと 100 ドル賭けます」ラムゼイ氏が言った。

「受けます❷」

「まあ、エルマー、確実なことに賭けるのはできないことです」

　夫人は口元に微笑みを浮かべ、やや非難めいた❸口調で言った。

「そうかな？　このようなあぶく銭を得られる機会を逃したら、おれはひどく馬鹿だと思われるだろうよ❹」

「でも、どうやれば証明できるの？　私が、ケラーダさんがおっしゃるのは間違いだ❺と言うだけじゃあありませんか」

"Let me look at the chain, and if it's imitation I'll tell you quickly enough. I can afford to lose a hundred dollars❶," said Mr. Kelada.

"Take it off, dear. Let the gentleman look at it as much as he wants❷."

Mrs. Ramsay hesitated a moment. She put her hands to the clasp.

"I can't undo it," she said, "Mr. Kelada will just have to take my word for it❸."

I had a sudden suspicion that something unfortunate was about to occur❹, but I could think of nothing to say❺.

Ramsay jumped up.

"I'll undo it."

語釈

clasp「留め金」／undo「外す」

ケラーダ氏もラムゼイ氏も、一歩も引きません。主人公は、ラムゼイ夫人の様子を見て、悪い予感を覚えたようです。

1 afford to は「〜しても差し支えない」という意味ですが、ケラーダ氏が何を言わんとしているのかを考えて、下線部を訳してみてください。

2 この文中の gentleman には、ラムゼイ氏のどのような気持ちが込められているでしょうか？

3 will just have to に注意しながら、下線部を訳してください。

4 下線部の表現を書き換えるとしたら、どれが最も適切でしょうか？

1. was going to occur
2. will occur
3. was on the point of occurring

5 下線部を not を使った否定文に書き直して、訳してみましょう。

"Let me look at the chain, and if it's imitation I'll tell you quickly enough. <u>I can afford to lose a hundred dollars**❶**</u>," said Mr. Kelada.

"Take it off, dear. <u>Let the gentleman look at it as much as he wants**❷**</u>."

Mrs. Ramsay hesitated a moment. She put her hands to the clasp.

"I can't undo it," she said, "<u>Mr. Kelada will just have to take my word for</u>

解説

1 正解 **100ドルくらい失っても平気ですからね。**

afford to は「〜しても差し支えない」という意味ですので、下線部を直訳すると「100ドルを失っても差し支えない」となります。この台詞で、ケラーダ氏は一体何を言わんとしているのでしょう？ ケラーダ氏の立場に立って、考えてみてください。おそらく、100ドルくらいなら失っても惜しくはないくらいの金持ちだ、と言いたいのではないでしょうか。口論相手のラムゼイ氏に対し、見栄をはって余裕のある態度を取りたいのですね。「それだけの勝つ自信があるのだ」というアピールでもありますから、賭けを有利に進めるための駆け引きとも言えます。

---

2 正解 **嫌味の気持ち**

「礼儀正しい、勇敢、男らしい」といった一般的な「紳士」の意味合いは、当然込められていませんね。ここでは嫌味として言っています。本当の紳士であれば、自分は金持ちで100ドルくらい失っても平気だというような、下品な自慢はしません。ラムゼイ氏は皮肉、嫌味を言う気持ちの余裕のない人ですが、ここでは、自分が賭けに勝つと確信したので、嫌味が言えたのでしょう。そうでなければ、gentleman でなく、man、him、Mr. Kelada のどれかを使ったはずです。

it❸."

I had a sudden suspicion that something unfortunate was about to occur❹, but I could think of nothing to say❺.

Ramsay jumped up.

"I'll undo it."

---

3 **正解 ケラーダさんは、私の言葉をそのまま信じてくださらなくては。**

　一見簡単な文章に見えますが、解釈が少々難しいです。will は主語が三人称の Mr. Kelada ですから、単純未来の「〜でしょう」でよいのです。しかし、ここでは「お願い、軽い命令」のニュアンスをくみ取って訳したいものです。take my word for it は、「私の言うことを本当だと思う」という意味の熟語です。SECTION 2-4(P.107) でも出てきましたね。あとはラムゼイ夫人の性格が控えめで上品な女性であることを考え、口調や言葉遣いに注意して訳しましょう。

---

4 **正解 3. was on the point of occurring**

　まずは未来を表す3つの表現、be about to、will、be going to の違いをしっかり認識しましょう。be about to は、「まさに〜しようとしている」という意味で、「今すぐ」「これから」というかなり近い未来を指していると言えます。この部分を訳すと、「何か不幸なことが今にも起ころうとしていた」となりますね。さて、これに近い表現はどれでしょう？

　まず、1の be going to は、「〜します、〜するつもりです」という、be about to よりも時期が漠然とした未来を表しています。次に、2の will は「きっと〜するだろう」という、確実に予想できる未来のことを表すときに使います。ただし、そこには「今すぐ」という時期に関わるニュアンスは含まれていません。1も2も少しニュアンスが違うことがわかりますね。

　一方、be on the point of 〜ingは、「まさに〜しかかっている」という
意味の慣用表現です。これが最も be about to に近い表現だと言えるで
しょう。

---

5 正解 I could not think of anything to say.「言うことが何も思い
　　　　 つかなかった」

　原文は nothing to say とすることで「言うことがない」と表現してい
ますが、これを not を使った文に書き換える場合は、助動詞 could を否
定し、nothing を anything に換える必要があります。初歩的な問題です
が、anything を something にしてしまわないように注意してください。
some や something は肯定文で、any や anything はおもに疑問文や否定文
で使われます。

　設問4を踏まえて全体を訳してみると、「何か不幸なことが起こりそ
うな疑惑が突然頭に浮かんだのだが、言うことが何も思いつかなかっ
た」となりますね。

it❸."

I had a sudden suspicion that something unfortunate was about to occur❹, but I could think of nothing to say❺.

Ramsay jumped up.

"I'll undo it."

「言うことが思いつかなかった」というのは、具体的にどういうことですか？

不幸なことが起こらないように止めようとしたのです。余計なお節介でしょうが、紳士としては、目の前で不幸が起きれば阻止してあげたいのでしょう。

訳

「私に見させてください。もし偽物なら、すぐそう言います。100ドルくらい余裕がありますからね❶」ケラーダ氏が言った。

「外しなさい。この紳士に好きなだけ見せてあげるんだな❷」

ミセス・ラムゼイはちょっとためらった。留め金に両手を運んだ。

「外せないわ。ケラーダさんは、私の言葉をそのまま信じてくださらなくては❸」

何か不幸なことが起こりそう❹な疑惑が突然頭に浮かんだのだが、言うことが何も思いつかなかった❺。

ラムゼイ氏が跳び上がった。

「おれが外すよ」

He handed the chain to Mr. Kelada. The Levantine took a magnifying glass from his pocket and closely examined it. A smile of triumph spread over his smooth and swarthy face. He handed back the chain. He was about to speak. Suddenly he caught (   ) (   ) Mrs. Ramsay's face❶. It was so white that she looked as though❷ she were about to faint. She was staring at him with wide and terrified eyes. They held a desperate appeal; it was so clear❸ that I wondered why her husband did not see it.

Mr. Kelada stopped with his mouth open. He flushed deeply. You could almost *see*❹ the effort he was making over himself❺.

語釈

magnifying glass「拡大鏡」／**A smile of triumph**「勝利の笑み」／
swarthy「浅黒い」／**faint**「失神する」

夫人の抵抗もむなしく、真珠のネックレスはケラーダ氏の手に渡されます。ケラーダ氏の表情の変化に注目して読み解いてください。

1 下線部は「突然彼は夫人の顔をちらと見た」という意味の英文ですが、（　）に入る単語を考えてみてください。

Suddenly he caught（　　　　　）（　　　　）Mrs. Ramsay's face.

2 下線部と同じ意味の接続詞は、次のうちどれでしょうか？

　1. as if
　2. even though
　3. otherwise

3 このitは、何を受けているのでしょうか？　日本語で具体的に答えてください。

4 下線部がイタリックになっているのはなぜでしょうか？　場面を想像してみてください。

5 下線部を訳してみてください。heの前に目的格の関係代名詞が省略されていますよ。

He handed the chain to Mr. Kelada. The Levantine took a magnifying glass from his pocket and closely examined it. A smile of triumph spread over his smooth and swarthy face. He handed back the chain. He was about to speak. Suddenly he caught (　　　　)(　　　) Mrs. Ramsay's face❶. It was so white that she looked as though❷ she were about to faint. She was ↗

解 説

1 正解 Suddenly he caught (sight) (of) Mrs. Ramsay's face.

catch sight of で、「目に入る、見かける」という意味の熟語です。この前の文で、ケラーダ氏はラムゼイ氏からネックレスを受け取り、綿密に調べ、勝利を確信したような笑みを浮かべています。そしてラムゼイ氏にネックレスを返し、自信満々に話し出そうとしたところで、突然ラムゼイ夫人の顔が目に入った、というわけです。

全体を訳すと、「突然彼はラムゼイ夫人の顔をちらと見た」となりますね。ここから、物語は思わぬ展開を見せはじめます。

---

2 正解 1. as if

as though は、「～かのように」という意味ですので、それと同じ意味を持つ接続詞は、1 の as if です。2. even though は「～であるにもかかわらず」、3. otherwise は「さもなければ」という意味ですから、いずれも as though の用法とは違います。

文章全体を見てみましょう。ここでの it は前文の Mrs. Ramsay's face「ラムゼイ夫人の顔」を受けていますね。were about to は、SECTION 2-7(P.129) にも出てきたように、「まさに～しようとしている」という意味です。white を反射的にそのまま「白い」と訳す前に、文脈をよく考えてみましょう。顔や唇を形容するときは、「青ざめた」と訳すのが普

staring at him with wide and terrified eyes. They held a desperate appeal; <u>it was so clear</u>❸ that I wondered why her husband did not see it.

Mr. Kelada stopped with his mouth open. He flushed deeply. You could almost <u>*see*❹</u> <u>the effort he was making over himself</u>❺.

通なのです。

　全体を訳してみると、「その顔はあまりにも青いので、気絶しそうに見えた」となりますね。

---

❸ 正解 **青い顔でおびえた目をしたラムゼイ夫人が、懇願する様子**

　さて、まずは一度文全体を直訳してみましょう。「それらは死にもの狂いな懇願をしていた。それは非常に明らかで、私はなぜ彼女の夫がそれに気付かないのか不思議だった」となります。冒頭のTheyを、「彼ら」などと訳してはいけませんよ。このTheyが指しているのは、前文に出てくる「青い顔」や「おびえて見開いた目」のことです。これらの要素が、「必死に懇願している」というわけです。itはこれを受けていますから、つまり「ラムゼイ夫人が必死で訴えている様子」が正解ですね。

　なお、ここでのseeは単純な「見る」ではなく、「気付く」の意味で使われていると取ったほうが適切でしょう。全体を自然な訳文にすると、「必死に訴えているようだった。誰の目にもはっきり見えたので、どうして夫が気付かないのか不思議だった」となります。

He handed the chain to Mr. Kelada. The Levantine took a magnifying glass from his pocket and closely examined it. A smile of triumph spread over his smooth and swarthy face. He handed back the chain. He was about to speak. <u>Suddenly he caught (   ) (   ) Mrs. Ramsay's face</u>❶. It was so white that she looked <u>as though</u>❷ she were about to faint. She was ↗

---

4 正解 **強調のため**

see がイタリックになっているのは、強調のためです。ケラーダ氏の内面の努力が、外面から「見える」ほどだった、というのです。イタリックには、特定の単語や語句を強調するという役割がありますから、それによる強調の効果が反映される訳文を考えたいですね。なお、ここでの you は「あなた」ではなく、一般の「人」を指す you ですよ。特に訳出する必要はないでしょう。

---

5 正解 **彼が自分自身を抑えようとして払っている努力**

まず大事なのは、he 以下が effort を修飾する形容詞節だということ。それから make the effort が「努力を払う、努力をする」という意味の熟語だということ。この2つのポイントに気付きましたか？

he 以下を直訳すると「彼は彼自身を抑制しようとしつつあった」であり、「努力」にかかります。この一文は、実は物語において非常に重要な部分になっているのですが、文脈をよく理解しなければ、うまく訳すことは難しいでしょう。まずケラーダ氏は、勝利を確信した様子で口を開こうとしましたが、夫人の様子がおかしいのを見て、何かを感じ取ったのです。そして言おうとしていた勝利の言葉を飲み込み、口を開けたまま沈黙したわけですが、その時のケラーダ氏の心情を想像してみてください。

したがって、設問4と合わせてこの部分全体を訳すと、「自分を抑え

staring at him with wide and terrified eyes. They held a desperate appeal; it was so clear❸ that I wondered why her husband did not see it.

Mr. Kelada stopped with his mouth open. He flushed deeply. You could almost *see*❹ the effort he was making over himself❺.

ようと必死に努力しているのが見えるかのようだった」となりますね。

> **訳**
>
> 　彼はネックレスをケラーダ氏に渡した。ケラーダ氏はポケットから拡大鏡を取り出し、品物を綿密に調べた。勝利の笑みがなめらかで浅黒い顔に広がった。ネックレスを返した。口を開こうとした。突然彼は夫人の顔をちらと見た❶。その顔はあまりにも青いので、気絶しそうに❷見えた。彼女は、大きく開き怯えた眼差しで彼を見据えていた。必死に訴えているようだった。誰の目にもはっきり見えたので❸、どうして夫が気付かないのか不思議だった。
>
> 　ケラーダ氏は口を開けたまま、沈黙した。真赤になった。自分を抑える努力❺が見える❹かのようだった。

"I was mistaken," he said. "It's a very good imitation, but of course as soon as I looked through my glass I saw that it wasn't real. <u>I think eighteen dollars is just about as much as the damned thing's worth❶</u>."

He took out his <u>pocketbook❷</u> and from it a hundred dollar note. He handed it to Ramsay without a word.

"<u>Perhaps❸</u> that'll teach you not to be so cocksure another time, my young <u>friend❹</u>," said Ramsay as❺ he took the note.

I noticed that Mr. Kelada's hands were trembling.

語釈

just about「ほとんど」／**damned**「ひどい、いまいましい」口語表現です／**cocksure**「自信たっぷりな」／**trembling**「震える、揺れる」

勝利を確信したかに見えたケラーダ氏。しかし、夫人の様子がおかしいことを見て取り、彼が取った思わぬ行動とは…。

設 問

1 as much as〜worth の用法に注意して、下線部を訳してみましょう。

2 ここで使われている pocketbook と同じ意味の単語を選んでください。

1. wallet
2. paperback
3. handbag

3 下線部の perhaps は、どんな効果をもたらすために使われているのでしょうか?

4 teach you not to の意味をよく考えて、下線部を訳してみてください。

5 ここでの as がどんな用法で使われているか、説明してください。

解 説

---

1 正解 こんなものには18ドルというのが、ほぼちょうどいい値段でしょうよ。

as much as～worthで、「～にちょうど適当な値段だ」という意味になります。damnedは「馬鹿馬鹿しい、いまいましい」といった意味の口語表現で、damned thingは「こいつ、こんなもの」くらいに訳せばよいでしょう。

直訳すると、「こんなものには18ドルがちょうど適当な値段だと思う」となりますね。ケラーダ氏がどんな口調でこの台詞を言っているか、彼の心境を考えて訳してみてください。

SECTION 2-7（P.126）で出てきた文では、if it's imitation で冠詞がなかったのに、ここの a very good imitation では a があります。なぜですか？

if it's an imitation となっても、正しい英語ですよ。冠詞がないと普通名詞というより抽象名詞の感じになります。「偽物」と「偽」との違いのようなものです。a very good imitation は普通名詞そのものです。

handed it to Ramsay without a word.

"Perhaps❸ that'll teach you not to be so cocksure another time, my young friend❹," said Ramsay as❺ he took the note.

I noticed that Mr. Kelada's hands were trembling.

---

2 正解 1. wallet

pocketbook を辞書で引くと、おもに「財布」「ハンドバッグ」「手帳」の3つの意味が出てくるのではないでしょうか。ここでは、一体どの用法が正解なのでしょう？　「彼は pocketbook を取り出して、そこから100ドル札を取り出した」とありますね。つまり、pocketbook は「札入れ」の意味で使われているとみて間違いありません。したがって、正解は「1. wallet」になります。

なお、note は「紙幣」という意味で使われています。ひとつひとつの単語はよく知っているつもりでも、文脈によって意味が大きく変わることがありますので、注意してください。

---

3 正解 相手を叱るとき、表現を多少やわらげる効果

この perhaps を、「もしかして」などと訳してはいけません。もともと perhaps は「ひょっとして」という意味の単語ですが、ここでは相手を頭ごなしに叱っているのを、多少やわらげる用法として使われているのです（行方『英語の発想がよくわかる表現50』P.94「小さな違いに注目」参照）。ラムゼイ氏も、少しはケラーダ氏に遠慮したということですね。いやみでもあります。訳文にうまく perhaps の効果を反映できるよう、工夫しましょう。「まあ、でも」などの挿入句を入れれば、ニュアンスが出てよいかもしれません。

"I was mistaken," he said. "It's a very good imitation, but of course as soon as I looked through my glass I saw that it wasn't real. <u>I think eighteen dollars is just about as much as the damned thing's worth</u>❶."

He took out his <u>pocketbook</u>❷ and from it a hundred dollar note. He ↗

4 **正解** 次回からは絶対に自信があるなどと言わんことですな、ねぇ、お若いの。

teach you not to ～で、「～しないように教える」という意味です (*cf.* Mother taught me not to speak with my mouth full.「口をいっぱいにしたままでしゃべるなと母が教えた」)。another time は「この次に」「また今度」という意味。直訳すると、「このことは君に今後はあまり自信過剰にならないようにと教えただろう、若人よ」となります。このままではあまりに回りくどい言い方ですから、もう少し日本語として自然な表現にしたいですね。正解を参考に、自分でもピタリとくる訳を考えてみてください。

young friend と呼んでいますが、私の印象ではケラーダ氏とラムゼイ氏は同じ年くらいだと思うのですが。

そうですね。2人の年の開きは、実際は少ないでしょう。ラムゼイ氏は経験豊富な年長者ぶって、青臭い若者に教訓を垂れている態度を取っているのでしょうね。

handed it to Ramsay without a word.

"Perhaps❸ that'll teach you not to be so cocksure another time, my young friend❹," said Ramsay as❺ he took the note.

I noticed that Mr. Kelada's hands were trembling.

5 正解 付帯状況を表すas「〜しながら」

接続詞asには、「〜するとき」（時）、「〜するように」（様態）、「〜なので」（理由）、「〜と違って」（対照）など、非常に重要な用法がたくさんあり、文脈によってどの用法で使われているのか判断する必要があります。ここでは、ラムゼイ氏が「紙幣を取りながら」言った、という場面だと受け取るのが妥当でしょう。ですので、正解は「〜しながら」（付帯状況）となります。noteは設問2にあったように、「紙幣」という意味ですね。

設問3、4とあわせて全体を訳してみると、「『まあ、これで、次回からは絶対に自信があるなどと言わんことですな。ねぇ、お若いの』ラムゼイ氏は札を受け取りながら言った。ケラーダ氏の両手が震えているのに私は気付いた」となります。

"I was mistaken," he said. "It's a very good imitation, but of course as soon as I looked through my glass I saw that it wasn't real. <u>I think eighteen dollars is just about as much as the damned thing's worth</u>❶."

He took out his <u>pocketbook</u>❷ and from it a hundred dollar note. He

最後の文で、ケラーダ氏の手が震えていたのはなぜですか？　悔しがっている時には手が震えるからでしょうか？

手で殴りかかりたいのを抑えているからだと思いますが、いかが？

handed it to Ramsay without a word.

"Perhaps❸ that'll teach you not to be so cocksure another time, my young friend❹," said Ramsay as❺ he took the note.

I noticed that Mr. Kelada's hands were trembling.

訳

「間違っていましたよ。非常によくできたイミテーションです。でも拡大鏡で見たらすぐに本物ではないとわかりました。18 ドルというのが、ちょうどいい値段でしょうよ❶」

ケラーダ氏は札入れ❷を取り出し、100 ドル紙幣を抜いた。黙ってラムゼイ氏に渡した。

「まあ❸、これで、次回からは絶対に自信があるなどと言わんことですな。ねぇ、お若いの❹」ラムゼイ氏は札を受け取りながら❺言った。

ケラーダ氏の両手が震えているのに私は気付いた。

"No one likes being made to look a perfect damned fool," he said.

「誰にしたって、自分が大馬鹿野郎に見えるのを好む者はいないでしょうよ」彼が言った。

The story spread over the ship as stories do❶, and he had to put up with a good deal of chaff that evening. It was a fine joke❷ that Mr. Know-All ( ) ( ) caught out❸. But Mrs. Ramsay retired to her stateroom with a headache.

Next morning I got up and began to shave. Mr. Kelada lay on his bed smoking a cigarette. Suddenly there was a small scraping sound and I saw a letter pushed under the door. I opened the door and looked out. There was nobody there. I picked up the letter and saw it was addressed to Max Kelada. The name was written in block letters❹. I handed it to him.

"Who's this from?" He opened it. "Oh!"

語釈

a good deal of chaff「多くの冷やかし」chaffは「もみ殻、カス」という意味で、そこから派生して「冷やかし、からかい」という意味もあります／**scraping sound**「こするような物音」／**in block letters**「活字体で」

イディオム

put up with「～を我慢する」／**caught out**「尻尾を掴まれて」

ケラーダ氏が負けを認め、ラムゼイ氏にやり込められたという噂話は、あっという間に船内中に広まっていきました。しかし、話はここで終わらないのです。

設 問

1 文脈を考え、as stories do を適切に訳してみましょう。念のため、「物語がそうであるように」では不十分ですよ。

2 fine joke の fine は、次のうちどれが最も近いでしょう？

1. 明らかな
2. 面白い
3. 上品な

3 （　）内に適切な言葉を足しましょう。「物知り博士が馬脚を現した」という訳になります。

Mr. Know-All (　　　　　)(　　　　　) caught out.

4 わざわざ in block letters「活字体で」としているのは、なぜだと思いますか？

The story spread over the ship as stories do❶, and he had to put up with a good deal of chaff that evening. It was a fine joke❷ that Mr. Know-All ( ) ( ) caught out❸. But Mrs. Ramsay retired to her stateroom with a headache.

Next morning I got up and began to shave. Mr. Kelada lay on his bed ↗

解 説

---

1 正解 この手の話はいつもそうであるように

as stories do を、そのまま直訳して「物語がそうであるように」などとしてはいけませんよ。文脈を考えましょう。正解は、「この手の話はいつもそうであるように」「こういう噂の常で」などです。物知り博士のケラーダ氏が間違えたという話は、彼をよく思わない人にとってはスカッとする話で、あっという間に広がったのですね。この stories は物語ではなく、「噂話」「話題・話のネタ」といった意味合いであることが伝わるように訳しましょう。

この部分全体を訳すと、「話はこういう噂の常で、船中にあっという間に広まったから、彼はその晩ずいぶんからかわれた」となります。

2 正解 2. 面白い

正解は2の「面白い」ですね。設問1にあるように、噂があっという間に広まったのは、皆にとって溜飲が下がるような出来事だったからです。

150

smoking a cigarette. Suddenly there was a small scraping sound and I saw a letter pushed under the door. I opened the door and looked out. There was nobody there. I picked up the letter and saw it was addressed to Max Kelada. The name was written <u>in block letters</u>❹. I handed it to him.

"Who's this from?" He opened it. "Oh!"

3 正解 Mr. Know-All (had) (been) caught out.

受け身の形になるのは多くの方がわかるかと思いますが、問題は時制です。物知り博士が間違いを犯したことは、当然ながらその話が広まるより前の出来事ですから、過去完了になりますね。

caught out は「尻尾を掴まれて」という意味ですが、より日本語としてピタリとくる表現を考えてみてください。「『物知り博士』が馬脚を現したというのは愉快な冗談だった」ではいかがでしょうか。

It was a fine joke 〜 の文は、直前の a good deal of chaff の説明でしょうか？

そうです。皆「いい気味だ」と思ったので、冷やかしたのですね。

The story spread over the ship <u>as stories do</u>❶, and he had to put up with a good deal of chaff that evening. It was a <u>fine joke</u>❷ that <u>Mr. Know-All (　　)(　　) caught out</u>❸. But Mrs. Ramsay retired to her stateroom with a headache.

Next morning I got up and began to shave. Mr. Kelada lay on his bed ↗

---

4 正解 **差出人が誰かわからないようにするため**

筆記体だと誰が書いたかわかってしまうので、わざわざ活字体で書かれているのです。差出人がばれないように注意しているのですね。

念のための質問です。"Who's this from?" は文法的に正確を期せば、"Whom is this from?" とすべきですね？

そうです。でも今は主格の who を使うのが普通なのですよ。

smoking a cigarette. Suddenly there was a small scraping sound and I saw a letter pushed under the door. I opened the door and looked out. There was nobody there. I picked up the letter and saw it was addressed to Max Kelada. **The name was written <u>in block letters</u>❹. I handed it to him.**

"Who's this from?" He opened it. "Oh!"

訳

　話はこういう噂の常で❶、船中にあっという間に広まったから、彼はその晩ずいぶんからかわれた。「物知り博士」が馬脚を現した❸というのは<u>愉快な冗談</u>❷だった。でもミセス・ラムゼイは頭痛で早めに船室に引き上げた。

　翌朝、私は早起きして髭を剃っていた。ケラーダ氏はベッドに横になってタバコを吸っていた。突然、小さなひっかくような物音がして、見るとドアの下から手紙が押し込まれた。ドアを開けて外を見たが、誰もいなかった。手紙を拾い上げるとマックス・ケラーダ様宛になっていた。宛名は活字体で❹書かれている。ケラーダ氏に渡した。

「誰からだろう？」彼は封筒を開いた。「あれ！」

He took out of the envelope, not a letter, but a hundred-dollar note. He looked at me and again he reddened❶. He tore the envelope into little bits and gave them to me.

"Do you mind just throwing them out of the porthole?❷"

I did as he asked, and then I looked at him with a smile❸.

"No one likes being made to look a perfect damned fool," he said.

"Were the pearls real?"

"If I had a pretty little wife I shouldn't let her spend a year in New York while I stayed at Kobe," said he.

At that moment I did not entirely dislike Mr. Kelada.❹ He reached out for his pocketbook and carefully put in it the hundred-dollar note.

語釈

tore「破った」tear の過去形です。into little bits で、破ってどのようになったかがわかりますね／**pretty little wife**「かわいい奥さん」ここでの little は「小さい」ではなく、可愛らしさを強調する役割です／**shouldn't** やや古風な表現で、今なら英米いずれでも wouldn't となるところです。

とうとう物語はクライマックスを迎えます。封筒の中身は一体何だったのか、そして主人公のケラーダ氏への感情はどう変化したのでしょうか？

設 問

1 ケラーダ氏が赤面したのはなぜでしょう？

1. 腹が立ったから
2. 恥ずかしかったから
3. 照れくさかったから

2 この台詞に英語で「いいですよ」と答えるとしたら、なんと言えばいいでしょう？

3 with a smile した私の気持ちとして、近いものはどれでしょう？

1. 言うとおりに捨ててやったぞという誇らしい気持ち
2. 何か隠しているんだろ、俺はわかっているぞという見透かした気持ち
3. 意外といい奴なんだな、とケラーダ氏を見直した気持ち

4 not entirely に注意して、下線部を訳してみましょう。

He took out of the envelope, not a letter, but a hundred-dollar note. He looked at me and again he reddened❶. He tore the envelope into little bits and gave them to me.

"Do you mind just throwing them out of the porthole?❷"

I did as he asked, and then I looked at him with a smile❸.

"No one likes being made to look a perfect damned fool," he said.

解 説

1 正解 3. 照れくさかったから

3が正解。封筒の中が手紙でなく、昨日賭けで負けた100ドルが戻ってきたわけですから、「腹が立った」はずはないし、そもそもケラーダ氏は「恥ずかしがる」というような人ではありませんね。勝ち誇るというほど喜んで頬を紅潮させるのでもないでしょう。照れているのです。この部分を訳してみると、「彼は私を見て、また赤面した。彼は封筒を小さくちぎり、私によこした」となります。

gave them to me が「くれた」ではないことは文脈からわかりますが、give は「手渡す」という意味でよく使うのですか？

「渡す」の意味があり、よく使います。日本では、それを知らない人が多いです。ここでは誤解の余地はないですが。

"Were the pearls real?"

"If I had a pretty little wife I shouldn't let her spend a year in New York while I stayed at Kobe," said he.

At that moment I did not entirely dislike Mr. Kelada.❹ He reached out for his pocketbook and carefully put in it the hundred-dollar note.

---

2 正解 **No, I don't.**

Do you mind 〜?で聞かれた質問への答え方が日本語での答え方とは逆になるので、注意が必要です。Do you mind 〜?は直訳すると「〜することをあなたはいやがりますか?」という意味ですので、Yesで答えると「はい、いやがります(だからやらないで)」という意味合いになってしまうので、注意しましょう。とはいえ、この受け答えを間違えるネイティブも少なくないようですが。

なお、この部分を訳すと「手数ですが、これを舷窓から捨ててくれませんか」となりますね。

---

3 正解 **3. 意外といい奴なんだな、とケラーダ氏を見直した気持ち**

正解は3です。「私」は、自己中心的な彼が困っているラムゼイ夫人を助け、そのおかげで皆に嘲笑されても我慢したことに感心しています。昨夜もそう推察したのですが、今それがはっきりしました。また、夫人のために活字体の封書まで破棄する慎重さに、さらに感心したのです。

He took out of the envelope, not a letter, but a hundred-dollar note. He looked at me and again he reddened❶. He tore the envelope into little bits and gave them to me.

"Do you mind just throwing them out of the porthole?❷"

I did as he asked, and then I looked at him with a smile❸.

"No one likes being made to look a perfect damned fool," he said.

4 **正解** 私はケラーダ氏がまったく嫌いというのでもなくなった。

did not entirely dislike「まったく嫌いというのでもなかった」と、部分否定になっていることに注意しましょう。間違えて全体否定と捉えて「まったく嫌いでなくなった」としないように。これまで、彼に関して不愉快なことがあるたびに、I did not like Mr. Kelada. とリフレインのように繰り返してきた語り手ですが、ケラーダ氏の人柄のよい面を目の当たりにして、嫌いの程度が低くなったのですね。ただそれは、180度見方が変わったということではありません。「ちょっとはいいところがあるではないか」といった具合です。

部分否定の例文で適切なものがあれば教えてください。

江川先生の本から2つ。
Beauty is not necessarily a sign of good personality. 「美人だからと言って、人柄がよいとは限らない」
Marks in school are not always a true measure of a person's intelligence. 「学校の成績は必ずしも人間の知能の正しい尺度になるとは限らない」

"Were the pearls real?"

"If I had a pretty little wife I shouldn't let her spend a year in New York while I stayed at Kobe," said he.

At that moment I did not entirely dislike Mr. Kelada.❹ He reached out for his pocketbook and carefully put in it the hundred-dollar note.

訳

　彼は封筒から手紙でなく、100ドル紙幣を取り出した。彼は私を見て、また赤面した❶。彼は封筒を小さくちぎり、私に渡した。
「手数ですが、これを舷窓から捨ててくれませんか❷」
　言われたことをしてから、私は彼をにやりとして❸見た。
「誰にしたって、自分が大馬鹿野郎に見えるのを好む者はいないでしょうよ」彼が言った。
「真珠は本物だったのですか？」
「仮に私が可愛い妻を持っていたとしたならば、自分が神戸にいる間、ニューヨークで1年過ごさせるようなことはやらないところですよ」
　その瞬間、私はケラーダ氏がまったく嫌いというのでもなくなった❹。彼は札入れに手を伸ばし、丁寧に100ドル札を収めた。

　さて、物語はここでお終いです。いかがでしたか？　個性あふれる登場人物が登場し、作者モームの人間に対する深い洞察が感じられる、面白くて味わい深い作品だったのではないでしょうか。

　しかし、まだ解けていない謎がいくつかありますね。解釈によって答えは異なるでしょう。内容を振り返ってあなたなりの答えを見つけ、以下の謎解きに挑戦してみてください。私の考えは、別冊の「『物知り博士』をどう読むか」にまとめていますので、そちらをご覧ください。

謎1

ラムゼイ夫人は首飾りの本当の価値を知っていたのでしょうか？
もし知っていれば、人前で身につけないのでは？
誰かからの贈り物だとすれば、身につけているのは贈り主への愛情のせい？
ラムゼイ氏は妻が青ざめるなどの様子にまったく気付かないのでしょうか？

あなたの考えを書いてみましょう

_____

_____

_____

_____

謎2
ケラーダ氏は自己中心的で、人助けなどしそうに思えません。どうしてラムゼイ夫人を助けたのでしょうか？　普段の彼ならしそうもない行為をした理由は？
作者モームが、人間は矛盾しているもの、と考えているのは確実です。それで、ケラーダ氏を矛盾した人間の好例にしたのでしょうか？

あなたの考えを書いてみましょう

_____

_____

_____

_____

謎3
手紙の差出人は誰だったのでしょう？　ラムゼイ夫人でしょうか？
物語のなかでは差出人が明確に誰とは書かれていません。ケラーダ氏宛であることが「in block letters」で書かれていたこと、また、封筒には100ドル札が入っていたことしかヒントはありません。
あなたは、差出人は誰だと思いますか？　その理由は？

あなたの考えを書いてみましょう

_____

_____

_____

_____

英語よろず相談室
Q and A

どうやって読解力を
つけたらいいの？

誤訳をしないためには
どうしたらいいの？

行方先生、
私たちの英語学習の
相談にのってください！

おすすめの辞書は？

はーい！
私がおこたえしましょう。

英語よろず相談室 Q and A その1

まずは、英語学習者ならだれでも気になる 10 の質問に答えて頂きましょう。

質問 1

読解力をつけたいので、行方先生の本も勉強しました。説明なんかすごく親切でとても気に入っています。ただ、ひとつだけ納得できないのは、先生がきちんとした訳文にこだわることです。日本語に訳す必要がどうしてあるのですか？

正確に理解しているかどうか確認するのには、訳すのがもっとも時間がかからず、簡単なのです。しかも確実ですよ。本当に原文の理解ができていれば、日本語にできるはずです。

原文の意味がちゃんと理解できていればいいのであれば、いちいち書いて訳さなくてもいいのではないでしょうか。

本当に理解できているのでしょうか？　そう思っているだけで、実はそうでもないということが、いざ訳を書いてみるとわかりますよ。英文や英単語の表面だけを追って頭の中だけでわかった気になっているだけで、「読解」できていないということは多々あるのです。前後のコンテクスト、文法、人物の性格や気持ち、当時の時代背景など……あらゆることを吟味して、ようやく本当の意味が理解できた、ようやく情景が浮かび上がった、なんてことも少なくないのです。

このあいだ、ゼミで短い英語のエッセイを読んで内容を皆で議論しました。私は、作者は真面目ぶっているけれど、実際はかなりふざけていると思ったのですが、他の出席者はその点に気付かず、真面目一方に受け取っていました。だからエッセイについて議論しても噛みあいませんでした。

それでどうしましたか？　先生はどう指導されたのですか？

この先生は「日本語に訳すのは時間の無駄だ」といつも言っていたのですが、最後に、数人に訳させることになり、そのときに誤読していたことが初めて判明したのです。で、私の考えでは、折衷案として、誰でもわかる箇所は訳さず、問題がある箇所だけ日本語に訳せばよい、と思うのです。

それでいいでしょう。私も訳読を能率よく進めるために、それを基本方針にしてきました。ただね……

誰でもわかる箇所にも問題がありうる、とおっしゃるのでしょ？

先を越されましたね！　意味が明瞭な箇所だという判断が誤っている場合があるのは確かですよ。

『物知り博士』でもありましたよね。はじめのほうに、King George has many strange subjects. という誰にもわかるように思える文があり、「ジョージ王は多くの奇妙な臣下を持っている」でよいのかと思ったら、それでは間違いだったのですね。

その文を学生が正しく理解しているかどうかを確認するためには、まずこれが客観的な事実の陳述であるかを問い、つぎに描出話法だと気付いているかを尋ね、ようやく、話者の主観的な思いを述べているという結論に至らねばなりません。

「ジョージ王には奇妙な臣下が結構いるのだなあ」と訳せば、即座に理解が正しいとわかる、というわけですね。

まさにその通り。結論として、英文を読むとき、易しい箇所は訳さず、難しそうな箇所は訳す。先生なり、リーダー格の学生なりが、易しそうでも問題がある箇所をあらかじめチェックしておき、念のためにそこは訳させて確認すればいいと思いますよ。

英和辞典の選び方ですが、お勧めはありますか？

日本の英和辞典はどれも素晴らしいです。どれでも結構です。ただ、私はいい加減に「どれでも」と無責任に言っているのではありませんよ。英仏、英独、英西辞典などと比べて、また仏和、独和、西和辞典と比べて、英和辞典は世界に誇るべき逸品なのです。これは私だけの見解ではなく、いくつもの外国語に通じている日本人共通の見解です。英和辞典の元になる OED という英英辞典が世界一の言語辞典だからであり、日本では英語学習者が非常に多く、英和辞典もよく売れるという事情のせいでもあります。

日本では本当にたくさんの英和辞典が売られていますよね。
高校生用のものや本格的なぶ厚いものなど、種類も豊富ですが、ちょっと背伸びしてでも本格的なものを選んだ方がよいのでしょうか？

どの英和辞書もそれぞれ特徴を持っていますが、基本的な部分はどれもしっかりできていて信頼できます。高校生は高校生用のものがいいでしょう。学習辞典だと、いろんな有用な付録もついていて便利です。ぶ厚い大人用の本格的なものは、いずれ買えばいいです。頻繁に改訂がなされていますから、一生使えるからというので大きいのを買うと、やがて新版が出て、悔しい思いをします。

電子辞書でもいいですか？

これも年を追うごとに、語彙の豊富なよいものが出ていますね。優れた「紙の辞書」を基にしているのですから当然、優れています。ただし、知らない単語を調べるとき、電子辞書の冒頭に出ている訳語ひとつだけで事足りることはない、と心得てください。英語と日本語の間に一対一の対応があるように勘違いしている人がいるので、念のために言っておきます。

ついでに、上手な辞書の使い方も教えてください。

Section 1-7 でも少しご紹介していますが、「辞書を引いてみたけれど、想像していた意味のものが載っていない」ことはままあります。こんなときは、前後関係、コンテクストなどから見当をつけるしかありません。英和辞典には、頻繁に使われる意味から先に出ていますので、上から見ていき、これと思ったら原文の該当箇所に目を走らせ、合致するかどうかを吟味します。
このように、想像した通りの意味が載っていなくても、もっともニュアンスの近いものからさらに想像して、その場面にピッタリあった日本語を考えるのが、遠回りなようでいちばんの近道ではないでしょうか。
『英文翻訳術』のPP.277 ～ 282 にある「求める意味が辞書にある、辞書にない」も参考にしてください。

英語が読めるようになりたいと思っている大学2年生です。喋れなくてもいいのです。問題は英文法！　日本語の文法も嫌いだから、ろくに規則を知らないんだけど、不自由していない。だから英語だって、文法の規則を覚えなくても、読めるようになれないかなあって思うんですけど…。

たしかに、日本人でも、朝から晩まで英語だけに囲まれていれば、数か月で自然に英語を喋るようになります。たとえブロークンでもね。アメリカの赤ちゃんは文法など知らないけれど、周囲の大人から学んで喋るようになります。日本の赤ちゃんも同じです。でもそういう環境でなく、学校で週数回学ぶだけでは、文法なしでは無理ですよ。きちんとした文法書を、じっくり時間をかけて学ぶしかありません。

でも先生、文法って訳わからないものも多いじゃないですか。たとえば仮定法は面倒くさいですよ。主節だのif節だの、if節に相当する不定詞だの、あんなの英米人は知っていて、本当に使っているんですか？

もちろん、実際に使われています。小さい子供ですら、使っていますよ。たとえば、アメリカの子供が仮定法を使うのは、スヌーピーが出てくる『ピーナッツ』の漫画を見ればすぐわかります。このビーグル犬は、よく 'I wish I could……' と、「できるものなら」と願望を語りますし、親友の小鳥ウッドストックへの助言で、'I wouldn't do that in your place.'「ボクが君なら、それはやらないな」と仮定を述べます。仮定法を使うしかありません（in your place が if 節に相当する副詞句であるのは、知っていますね）。

仮定法っていう名称は、確かに面倒くさい印象を与えるかもしれませんね。でも日常生活を送っていて、実際のことだけでなく、想像してものを言う場合がありませんか？　可愛がっていた老犬が昇天してしまって、いなくて淋しい。「アレックスが生きていたらなあ！」と思うでしょうね。仮定のことは、仮定法で表現するしかないのです。

P.186 に、必要最低限の文法知識を書いておきますから、せめて覚えてください。文法の細部は覚えることはありませんから。

日本の英語教育は訳読と文法中心だったのがいけないという人は大勢いますよ。英文法嫌いをなくすために、用語をもっと厳めしくない、親しみのもてるものに変えられませんか？

そういう意見があるためでしょうか、最近の中学生用の英語の教科書には文法用語は遠慮して使われていますね。活字も小さくて、まるで「面倒くさくて申し訳ありませんが、これは前置詞って呼ばれているんですよ、スイマセン」と言わんばかりです。

先生はそれをどう思うのですか？　だいたい想像はつきますが、ここではっきり言ってくださいませんか。

もっと堂々と胸を張って、「英文法を知らずに、英語とかけ離れた言語である日本語を使う日本人が、英語ができるようになるはずがない」と主張すべきです。そして誰もが、英文法の基礎を身につけるべきです。それなしでは、話す・聴く・読む・書く、どの場合でも一歩も進みませんから。用語も理解して覚えてしまえば、その方が何かと便利です。

直接話法と間接話法の書き換えの学習は、精読・翻訳にどう役立ちますか？

訳文が単調になったときに役立ちます。原文が間接話法であっても、頭の中で直接話法に直して訳すと文章に変化が生まれますよ。

なるほど。他にも書き換える効果はあるのでしょうか？

ええ、あります。日本語のように性別や年齢で話し言葉が違う言語の場合、間接話法を直接話法に変換することによって、人物像をはっきりさせることもできます。

Section 1-3 の解説でも触れていますが、たとえば、She told me that she thanked me very much. は直接話法にすると、She said to me, "Thank you very much." となりますが、これを「彼女は『ありがとうございます』と言った」とふつうに訳すのではなく、人物の性格などに合わせて変えるのです。たとえばこれを言ったのが威勢のいい女性だったら、「彼女は『恩に着るわよ！』と言った」と訳せますし、これを言ったのが控えめな性格の女性だったら、「彼女は『ほんとに悪いですわねぇ』と言った」などとすることもできます。

同じ英語でもずいぶんと違いますし、こうすることで、場面がより鮮明に浮かび上がってきますでしょ？

graded reader や retold 物を使って多読し、英語への慣れを身につけよ、というアドバイス、その通りだと思います。具体的にどういうものを選べばいいのでしょう？

自分の実力に見合ったレベルの教材を使うことが大事です。書店で開いて読み出し、すらすらと数ページ読めるものがよいですね。ここで、決して見栄を張ってはいけません。挫折するからです。繰り返します。1ページに未知の単語、熟語がひとつかふたつのレベルで選ぶことですよ。

どこかで先生が「retold 物に開眼したのは、高校 2 年生のときに読んだ A Tale of Two Cities」だと書かれていたのをみかけましたが、数百ページの本格小説を 50 ページ足らずに圧縮したら、筋書きだけになって、読書の喜びなど味わえないのではありませんか？

それが違うのです。『二都物語』の場合、一種の三角関係が描かれているのですが、作中人物の愛する心理など結構細かく描かれていて、読者は自分を人物と重ねあわせてハラハラドキドキしながら読み進めるのです。会話も多くあります。筋書きだけでは決してありませんよ。

わかりました。さっそく読みます。で、それを何冊くらい読めばいいのでしょう？

同じレベルで少なくとも5冊読みましょう。もちろん、それで一安心してはいけません。たとえば選んだ本が基本語800語であれば、次にそこから50語増やして850語に進み、また5冊ほど読みましょう。このように50語くらいずつ増やしていくのがコツです。当然時間を要しますが、物語を楽しみながらですから、苦になりません。

「ネイティブに笑われる」、「それは日本語英語だ」などと宣伝している本は、どこまで真実なのでしょうか？どうしても気になるので伺います。

ほどほどに気にすればいいですよ。過度はいけませんし、必要もありません。日本語を直訳した発想ゆえに起こるような、明らかな文法上の間違いや単語の選び間違いは参考にはなると思いますが、状況や言い方、話者同士の年齢や関係性、伝えたいニュアンス次第のものも少なくないため、鵜呑みにするのはむしろ危険だと思いますよ。

ということは、ネイティブのなかでも個人差はあるということですね？

そうですよ、日本語だって、そうでしょ？　旺文社から出ている『オーレックス和英辞典』では、多数の英文について、「あなたはこの日本人の書いた英文をどう思いますか」というアンケートを国籍の違う英語母語話者 100 名にして、「自分もこう言う、言わない」などの解答を、パーセントで表しているのです。これを見ると、母語話者間で大きく意見が分かれているのがわかります。特定の 1 人が、「こう言わない」と言っても、個人的な見解に過ぎないと思わざるをえません。英語母語話者でなくてもすぐに誤りだとわかる、三単現の誤りなどは別ですが、正しいか誤りか多少とも微妙な表現については、1 人の欧米人に「それは違う」と言われても、恐れ入る必要はありません。

誤訳のことがときどきマスコミを賑わせますが、誤訳ってそんなに多いのでしょうか？

私が兄事する別宮貞徳教授は、以前に誤訳指摘の骨の折れる立派な仕事をされていましたが、そこで取り上げられた本の多さを見れば、誤訳は多いと思います。ただし、誤訳にも非難すべきものから、勘違いなら誰でもあるからと大目に見るべき程度のものまで、いろんな種類があります。一部は別宮貞徳『特選誤訳迷訳欠陥翻訳』（ちくま学芸文庫）で見られます。

誤訳の実例をあげてくださいませんか？　早い話、『物知り博士』にはいくつかの翻訳があるようですが、そこに誤訳がありますか？

実はあるようです。はじめのほうです。ケラーダ氏の髭剃りブラシの箇所です。Mr. Kelada's brushes…would have been all the better for a scrub を私は「ケラーダ氏のブラシは体を擦れば、もっと具合がいいようだった」と訳しています。ところが、「ごしごし洗ってもらいたいと思うほど汚れくすんでいた」とか「ろくに掃除をしないとみえて、ひどく汚れているのだ」という訳もあります。訳者は共に著名な英米文学者です。しかしケラーダ氏が汚れたブラシを持っているでしょうか？　むしろ綺麗好きな感じではないでしょうか？　私はそう思うのです。

著名な学者の先生でも、まちがえることがあるのですね! どうしてこのように訳されたのでしょうか?

all the better for 〜という句を英和辞典で引いてみてください。見出し語は better です。すると、多くの辞典に、「〜の理由でかえってよい、〜のためいっそうよい」とあります。この意味だと解し、かつ a scrub を「擦ること→掃除」だと解すれば、「掃除によってよくなる、汚れが消える」という意味になるわけです。

私は「〜のためにいっそうよい」という意味は不適当だと判断し、「〜のためであるほうがよりよい」という意味であり、さらに a scrub を「体をこするため（のブラシ）」と取ったのです。

よくわかりました。結構微妙ですね。私は、語学的なことよりも、ケラーダ氏がブラシを汚れたままに放置したとは思えないので、先生の解釈が正しいと思います。

僕も正しい訳の決め手は、結局はコンテクストだと思っていますよ。

あの…、先生自身も誤訳したことありますか? 人の誤訳を指摘するのはお嫌いのようですし、ご自分の場合なら、誤訳の理由も話していただけるでしょうから。

翻訳書を出していると、熱心な読者から手紙で「誤訳ではないか」という指摘をときどき受けます。これは以前にある本にも書いたのですが、ここでも白状しましょう。モームの『お菓子とビール』の冒頭のある箇所で、下宿の経営者の婦人が主語です。She took the empty siphon, swept the room with a look to see that it was tidy, and went out. 私はここを「おかみは空になったサイホンを取り、丁寧に部屋を掃除して出ていった」と訳したのです。しかし、これは誤りで、「部屋の様子を確認して出ていった」とすべきなのです。

誤訳の原因は swept という動詞の意味を、「掃除する」と誤解したからですね？　でもその意味が辞書で大きく出ていて、「見渡す、調べる」というのは小さくしか出ていませんね。掃除するでもいいんじゃないですか？

でも with a look「目で」とあるので、「見渡す」が正しいのです。さらにコンテクストとして、掃除はメイドがするという事情も考慮しなくてはなりません。

下宿の経営者のおばさんが掃除したっていいじゃないですか？

この場面は時代的には 20 世紀冒頭で、イギリスは階級制度が厳しかったので、掃除はメイドの役目です。このミスに気付いたのは、読者からの手紙でなく、翻訳書が出た後に、恩師の上田勤訳を見たときでした。

誤訳をしないためには、どうしたらいいのでしょう？
誤訳の参考書も挙げてくださいますか？

油断すれば誰でも誤訳しうるという事実を、常に念頭に置いておくこと。それからやはり、コンテクストをよく考えるということにつきます。もちろん、辞書をこまめに引くとか、文法的な面も疑問が生じたら、手元に置いた参考書をすぐ調べるとか、誰でもやっていると思います。

誤訳の参考書には、多くの例が論じられていて、驚いたり、笑ったり、呆れたりするでしょう。「人の振り見て我が振りなおす」という気持ちで読むのがいいです。別宮先生の本を難しいと思えば、中原道喜氏の『誤訳の構造』（金子書房、2021 年）、『誤訳の典型』（金子書房、2021 年）はもっと丁寧に書かれているのでお勧めです。

この機会に伺いますが、誤訳はあっても読みやすい翻訳と、誤訳はないけど読みにくい翻訳と、どっちがお好きですか？

精読主義の私なので、誤訳は嫌いですけど、文学書の翻訳では、読み易さが一番大事だと思っています。「誤訳なく、しかも読み易い」というのは理想ですが、理想は到達できないものですから、少々の誤訳は残っても、読みやすい翻訳を好んでいます。

モームの文章で学んだ英語を活用して会話をしたり、手紙を書いたりしたら、現代の英米人に笑われますか？ときどき、注釈や解説に「この表現は古風です」とあるので気になりました。

同じ質問が前半部 Section 1-7（P.56）にもあったので重なりますが、私が以前エストニアに旅したときのことです。昔に日本語を学んだという、老人のエストニア人の現地ガイドが案内してくださいました。やや古風な日本語を使い、「馬鈴薯」と言ったときは「じゃがいもかな？」と一瞬驚きました。でも非母語話者が一生懸命話しているのを思い、「わかれば結構」と思いました。

そもそも、古い英語で書かれた小説などで学習することに、意味はあるのでしょうか？

もちろん、ありますとも。日本語と比べて英語は変化が少ない言語です。モームの英語でやや古風といっても、せいぜい現在の英語と比べて1％程度の違いでしかないのですよ。気にする必要はありません。むしろ、ちょっと古い英語に慣れれば、シェイクスピアも原文で読むことができるなんて、ワクワクしませんか？日本の古典ではほぼありえないことですが、英文学だと可能なのです。18世紀の『ガリバー旅行記』だの、19世紀のジェーン・オースティンの『高慢と偏見』やシャーロット・ブロンテの『嵐が丘』など、ほどほどの教養の英米人なら、多少古い英語だなと思いつつも、抵抗なく読めるのです。今だけが大事というのは思い上がりではないでしょうか？

どの世紀にもそれなりの価値があるということですか？ 伝統を重んじる考えですね。英語の変化が少ないというのは伝統継承にとって有利ですね。私が日本の古典を国語の時間に教わらなければ読めないのは、残念ですね。

同感です。

翻訳の出来栄えのことです。先生の翻訳はあまりに上手で、私は絶対に真似できないと思って、絶望してしまいます。無理だと思うと、やる気をなくしそうになるので、励ましてください。

私の翻訳よりもっとよい翻訳もあるので、実は、私も自分の力不足を嘆き、人を羨むこともよくあります。いつもお手本にしている中野好夫先生の訳を読むと、私も「自分は翻訳者として落第だな」と嘆くことがしばしばあります。私の周囲の知人、友人たちも、英語学習はいくらやってもこれで十分と言えないので、絶望的な気分に陥ることが結構あるようです。自信過剰な人は別ですが、私はそういう御仁とは付き合いがありません。

先生でも人を羨むことがあるんですね！
でも私は先生の訳が好きで、お手本にしています。

私の訳を好んでいただいて嬉しいですが、それを理想として頑張ってください。理想というものは、本来到達は無理なものであり、近付けばよいのです。「行方先生は英語との相性がいいから、あまり苦労せずに覚えたのだろう」などと、勘違いしないでください。
日本文学に常時触れているのも、分かった英文を読みやすい日本語にする翻訳には必須です。私の場合は、漱石など手放せません。

先生のような方は、苦労せず英語を身につけられた、特別なタイプなのだと思っていました。先生にも、苦労した時代があったのですか？

自分の苦労話を得々とするのは嫌いです。誰しもそれなりに、人に言えぬ苦労をしたり、工夫をしてきたでしょうから、あたかも自分だけ特別なことをしたと吹聴などできません。本書の最後で、たんたんと事実のみ、思いなど控え目にして、過去の英語歴を記しましたので、参考にしていただければ嬉しいです。

英語を読む力をつけるのに、英会話も役立ちますか？

私は、形容詞の比較級の説明で、イギリスのチャールズ国王が、子供が生まれたときに記者団に言った、We couldn't be happier. という文を使います。また、liar「嘘つき」という語の重みを説明するのに、私がアメリカ人の宣教師に用いたときの彼女のショックの話もします。

これでおわかりのように、英会話の力は大事だと思っています。小説を翻訳する場合、自分が直接話したり、聞いたりした表現だと、発言の雰囲気を知っているので、正しく理解でき、うまく訳せます。英語の4つの技能には相互の関連がありますから、4つともできるのが英語学習の理想です。実現できるかどうかは別ですが、理想に近付こうという気持ちを保持したいと思います。

安心しました。先生は『英会話不要論』も書かれているので、会話を軽視しているのかと思っていました。

誤解が解けてよかったです。私が好ましく思わないのは、会話「だけ」を重視する人です。

184

英語よろず相談室 Q and A その2

次は、文法に関するお悩みです。

定年で時間ができたので、昔好きだった英語を勉強したいと思っています。会話は使う機会もないので、読む力を身につけるのがよいと思っています。それにはやはり文法の復習が要るとはわかっているのですが、今さら受験参考書を買う気になれません。どうしたらいいでしょうか。

過去の受験などの時、一度は規則などを覚えていれば、全体の文法知識は曖昧のままでも構いません。江川泰一郎『英文法解説』（金子書房）を入手することは勧めますが、必要に応じて開けばいいです。通読などしようとすれば、かえって意欲がなえてしまうでしょう。訳読する際に非常に参考になり、日本人が誤訳しやすいポイントをまとめた例文を次に挙げますので、これだけおさえておけばとりあえずは大丈夫です。
文法事項だけでなく、「話法」「コンテクスト」等の解説も入れてみました。『英文翻訳術』に収録した「暗記用例文集」の簡易版とも言えます。

1 五文型（第五文型［S＋V＋O＋C］）

C が名詞

We call our dog Alex.
「我が家の犬をアレックスと呼んでいます」

C が形容詞

I found the bottle empty.
「瓶が空だとわかった」

C が名詞、形容詞以外

I had Emily over for dinner last night.
「エミリーを昨夜食事に招いた」（副詞）

We found her lying face down.
「彼女はうつぶせになっていた」（現在分詞）

Keep your eyes closed.
「目を閉じていなさい」（過去分詞）

I found the room in an awful mess.
「部屋はひどく散らかっていた」（句）

He has made me what I am.
「私が今日あるのは彼のおかげだ」（節）

2 動詞

過去完了

I had never been spoken to in that way.
「それまでそういう口のきき方をされたことはなかった」

He found that he had lost his ring.
「彼は指輪を失くしたと気付いた」

When she had done her homework, she watched television.
「彼女は宿題をすませると、テレビを見た」

③ 不定詞

不定詞の実質上の主語を示す for

It is necessary for a serious boy like you to have a sense of humor.
「君のような真面目な少年は、ユーモア感覚を持つ必要がある」

④ 現在分詞、過去分詞

excite「興奮させる」、surprise「驚かす」など感情を表す他動詞の分詞

He is an exciting baseball player.
「（観客を）エキサイトさせる野球選手だ」

He is an excited baseball player.
「（自分自身が）エキサイトしている野球選手だ」

You are boring.
「あなたって退屈ね」

I am bored with you.
「あなたにはうんざりしたわ」

It was a piece of surprising news.
「驚かすようなニュースだった→驚くべきニュースだった」

We were all surprised with the big news.
「大きなニュースに、皆驚いた」

How irritating the speaker is!
「あの講演者は何と（聴衆を）いらいらさせるのだろう！」

⑤ 分詞構文

付帯状況

At the end of the term he resigned his position, giving ill health as his reason.
「任期が終わると、健康がすぐれないのを理由に辞職した」

The girl came to my office, accompanied by her mother.
「少女は母親に付き添われて、事務所にやってきた」

なお、分詞構文では他に「原因・理由の用法」「時の用法」なども もちろん大事ですけれど、知っていますね？　もし自信がなければ、 どの参考書にも平易な説明や用例が容易に見つかるので、確認して みましょう。

6 動名詞

動名詞を含む慣用表現

I could not help admiring his courage.
「彼の勇気に感心せざるをえなかった」
There is no smoking in this room.
「この部屋は禁煙だ」

7 受身

受動態と能動態の差異

　The bird was killed by the cat. と The cat killed the bird. とは、同じこ とを受動態と能動態で表現したものですが、これを＝で結んではな りません。話者により関心が深いほうが、主語になるはずです。た とえば、私が鳥好きであったならば、その場合は受動態を使います。 「財布を盗まれた」場合は、スリより自分に関心が深いので、I was robbed of my purse. と受動態が使われるのです。A pickpocket robbed me of my purse. という表現はまずありえません。

英語と日本語の差異

「息子は戦死しました」を、英米人は My son was killed in the war. と 言いますが、日本人なら、My son died in the war. というのが普通で すね。was killed は、日本人の感覚では露骨すぎます。

「私は驚いた」に相当する英語は？

　英語には「驚く」「喜ぶ」「退屈する」という自動詞はなく、「驚かす」

「喜ばす」「退屈させる」という他動詞しかないので、I am surprised. と受動態を使うしかないのです。「4.現在分詞、過去分詞」の項も参照してください。

8 仮定法

仮定だけでなく丁寧、遠慮、曖昧を表す

Could you tell me the way to the station?
「駅にはどう行けばよろしいでしょうか」
She might be his mother.
「彼女は彼の母なのかもしれない（そうだとしても不思議はない）」
I should say she is over forty.
「彼女は、40歳は越えているでしょうね」

might は「してくれてもいいのに」と恨みを述べることがある

You might have helped the wounded dog.
「負傷した犬を助けてくれてもよかったのに」

if 節に相当するもの

I would give anything to know the secret.
「何とかして秘密を知りたいものだ」（不定詞）
To hear him talk, you would take him for an economist.
「彼が話すのを聞けば、経済学者だと思うでしょう」（不定詞）
A wife who really loved him would make concessions.
「本当に彼を愛している妻なら、譲歩するだろうに」（関係節）
Priced a little lower, it would sell well.
「もう少し安くすれば、よく売れるだろうに」（過去分詞）
A wise mother would be stricter with her children.
「賢い母親なら、もっと子供に厳しくするだろうな」（名詞）

Boston is a city you would enjoy living in.

「ボストンは住み心地のよくなるような都市です」（コンテクストで判断）

Without his tail, a dog would look very funny.

「尻尾がなかったら、犬は恰好がつかないだろう」（前置詞）

9 話法

描出話法

物語の中などで、作中人物が思ったり感じたりしたことを、例えば、He said to himself, "Mary is very kind." といった直接話法や、He thought that Mary was very kind. といった間接話法で述べないで、Mary was very kind. と書くことがあります。これは、作者による客観的な事実の描写でなく、作中人物の思いなのです。これが描出話法であり、「メアリは実に親切だな」などと、その人物の感想として訳すのが普通です。

10 修辞疑問

修辞疑問文

形は疑問文ですが、答えはわかっているのであり、嫌味などのニュアンスを込めて訊くときに使います。

How can a man of 84 answer such a difficult question?

「84歳の男が、どうしてこんな難しい質問に答えられようか」

11 前置詞

様々な用法の前置詞

I will finish the job by ten o'clock.

「10時までに仕事を終わらせます」

We all waited for him till ten o'clock.

「10時まで彼を待った」

I will return the book in ten days.

「10 日で本を返します」

I will return the book within ten days.

「10 日以内に本を返します」

The love of God is infinite.

「神の愛は無限だ」（主格）

We met socially for the exchange of ideas.

「意見交換のために社交的な会合を持った」（目的格）

Susumu comes of a good family.

「進は良い家の出だ」

She went out into the cold with her coat off.

「コートを脱いで寒い所に出て行った」（付帯状況）

With God nothing is impossible.

「神には不可能はない」（関しては）

Don't be too strict with little children.

「子供相手ではあまり厳しくするな」（関しては）

12 形容詞

比較級の否定

I couldn't be happier.

「非常に幸福です」

They couldn't agree with us more.

「彼らは我々に大賛成だった」

13 コンテクスト

「蛙の子は」に続く言葉は？と聞かれたら、「蛙」と答えるのが正解なのは、国語のテストというコンテクストの場合であり、理科の試験というコンテクストなら「おたまじゃくし」が正解です。英文を訳す時も、このコンテクストを意識する必要があります。

たとえば、次の語をどう訳せばよいでしょうか。

Professor Smith (later President) of Princeton University

この President を「大統領」と誤訳した人がいましたが、大学関係というコンテクストから判断して、「学長」とするのが正解です。したがって、正しい訳は「プリンストン大学のスミス教授（後の学長）」となります。

14 代名詞

一般の人を指す you

You can't make an omelet without breaking eggs.
「卵を割らなければオムレツは作れない」

改まった場合に使う one

One should do one's best.
「常に最善を尽くすべきだ」

I を使うのを避けて使う one

What was one to do when all one's friends had lost their money?
「友人が皆破産した時、何ができただろうか」

問題になっていることや、心中にあるものを指す it

How do you like it here?
「この土地は気に入っていますか」
電報を見て青くなった夫を見た妻が、What is it? と言った場合、「どうしたの？　一体何なの？」という意味合いになります。

15 副詞

perhaps, maybe

「多分」でなく、「ひょっとすると」と訳す場合が多いのです。

Perhaps he will win the game this time, but I doubt it. He has been ill in bed till this morning.

「彼はゲームにひょっとすると勝つかもしれないけど、どうだろう。何しろ今朝まで病気で寝ていたのだもの」

Probably she will succeed again.

「多分彼女はまた成功するだろう」

quite と very

アメリカ英語では quite は「まったく」という意味であり、very と同じような使い方をするのですが、イギリス英語では interesting、beautiful などの程度で差がある形容詞を修飾する場合、「まあまあ」の意味になることが多いので注意。

Your talk was quite interesting.

「あなたの話はまあまあの面白さでしたな」

英語よろず相談室 Q and A その3

英語学習の「裏ワザ」も伝授してもらいましょう。

読解力をつける裏ワザはありませんか？ retold 物は子供っぽいから抵抗があるので、それ以外の学習方法が知りたいのです。

そうですね。裏ワザと言えるかどうかわかりませんが、ご紹介しましょう。以下の方法を勧めている参考書はあまりないのですが、有効だと私は思って実行もしましたし、人にも勧めて効果が上がったものです。

1 ロシア語などからの英訳本

　志賀直哉、武者小路実篤など白樺派の文人たちは、英訳に頼ってトルストイ、ドストエフスキーを読んで議論しあったのでした。当時は日本語訳がなかったので、それしか方法がなかったのですが、一般的に言うと、どの言語であれ翻訳は比較的言葉が平易で読みやすいものです。失礼ながら、白樺派の文人らは英語が得意ではなかったのですが、ぜひ読みたいという熱意に駆られて、長い作品をむさぼり読んだのです。英訳本は、ペンギンリーダーズやインターネットで容易に読むことができます。

　試しに読んでみましょう。トルストイ『アンナ・カレーニナ』の冒頭です。

Happy families are all alike; every unhappy family is unhappy in its own way.

Everything was in confusion in the Oblonsky's house. The wife had discovered that the husband was carrying on an intrigue with a French girl, who had been a governess in their family, and she had announced to her husband that she could not go on living in the same house with him.

この英語なら、

　幸福な家庭はみな類似している。不幸な家庭はそれぞれに不幸である。
　オブロンスキイ家では何もかもが乱脈をきわめていた。妻は、夫が以前彼らの家にいたフランス女の家庭教師と関係があったのを知り、夫に向かって、この上同棲をつづけることはできないと言い出した。

と訳読するのは容易でしょ？　なお上記の訳例は、中村白葉によるロシア語からの訳です。
　ネットで探せば、数種類の訳がありますから、自分が読みやすいと思うものを選べます。

　もうひとつ。モーパッサン『首飾り』で、パーティに行くドレスは買ったものの飾る宝石がないと嘆く妻に、夫が助言する場面です。

"Wear flowers," he said. "They're very smart at this time of the year. For ten francs you could get two or three gorgeous roses."
She was not convinced.
"No . . . there's nothing so humiliating as looking poor in the middle of a lot of rich women."
"How stupid you are!" exclaimed her husband. "Go and see Madame Forestier and ask her to lend you some jewels. You know her quite well enough for that."
She uttered a cry of delight.
"That's true. I never thought of it."

Next day she went to see her friend and told her her trouble.

「天然の花をつけたらいいじゃないか。季節が季節だから、とて
も洒落ているよ」

　細君はなかなか納得しなかった。

「だめよ……お金のある女の方たちに混じって、貧乏くさい様子
をしているくらい屈辱的なことはないわ」

　が、夫が勢いこんで叫んだ。

「お前もばかだね！　お前のお友達のフォレスチエ夫人をたずね
て、装身具を貸してくださいって頼んでみたらいいじゃあない
か。ずいぶん親しくしているんだから、そのくらいのことはで
きるだろう」

　細君は歓喜の叫びをあげた。

「ほんとよ！　まるで考えてなかったわ」

　翌日、彼女は親友のところへ出かけて行き、自分の窮状を語
った。

　これは、杉捷夫によるフランス語からの訳です。

　いかがですか？　graded readers にない本物らしさがありながら、
しかも読みやすいとは思いませんか？

2 日本語訳の利用

　長編小説は、作品の中に入るのが結構難しいものですね。時代背
景、舞台、作中人物などが徐々にわかり、作品の雰囲気も見当がつき、
さらに作者の書き方にも慣れてきてようやく、どんどん読み進める
ことができるのです。

　裏ワザは、この厄介な部分を原文でなく翻訳に代行してもらうと
いうものです。つまり、原書とともに翻訳も入手して、まずは翻訳
を読みはじめ、話がわかってきたら、原書に切り替えるのです。そ

のまま最後まで原文で読めれば理想的です。でも原文が難しいものだと、途中で息切れしてしまいそうです。その場合、あるいは筋が複雑になってきて、話がよく理解できなくなってきたら、躊躇なく翻訳に戻りましょう。原書と翻訳を、行ったり来たりしてよいのです。

　推理小説の場合なら、最後の謎解きの直前まで翻訳で読み、事件、関係者の人間関係などすべて理解し、自分なりに犯人の予想もついた段階で、原文を取り上げます。すると、犯人が誰か知りたい一心で、英語の難解さもものともせずに、原文を懸命に読むことができるのです。「何が何でも」という熱意が大事です。

3 日本文学の英訳本

　露仏語からの英訳について、言葉が平易になると言いましたが、日本語の英訳の場合も同じです。『源氏物語』から現代文学にいたるまで、英訳がずいぶん出ているのを知っていますか？　大きな書店で探してみてください。去年読んだばかりの村上春樹の新作が、英語になっているのを見つけて驚くかもしれません。自分が日本語で読んだ作品なら、英語の難しさはかなり減じますし、英語を読みながら、「ここは原文では何だったかな？」と思って原文をチェックする癖をつければ、英語を書く能力を向上させることもできます。英語好きの私の友人に、『源氏物語』を、一部を学校で注釈つきで原文を読んだ以外は、アーサー・ウェイリーの英訳で味わった者もいます。

　エドウィン・マクレラン訳『こころ』の冒頭を、数行見て下さい。

I ALWAYS called him "Sensei." I shall therefore refer to him simply as "Sensei," and not by his real name. It is not because I consider it more discreet, but it is because I find it more natural that I do so. Whenever the memory of him comes back to me now, I find that I think of him as "Sensei" still. And with pen in hand, I cannot bring myself to write of him in any other way.

It was at Kamakura, during the summer holidays, that I first
met Sensei. I was then a very young student.

　私はその人を常に「先生」と呼んでいた。だからここでもた
だ先生と書くだけで本名は打ち明けない。これは世間を憚かる
遠慮というよりも、その方が私にとって自然だからである。私
はその人の記憶を呼び起すごとに、すぐ「先生」といいたくなる。
筆を執っても心持は同じ事である。よそよそしい頭文字などは
とても使う気にならない。
　私が先生と知り合いになったのは鎌倉である。その時私はま
だ若々しい書生であった。

　英訳も楽に読めるでしょう？　日本語で原作を何度も読んだこと
のある人なら、英語だと意識せずに、すっと話に入っていけそうだ
と思います。
　漱石の代表作は全部英訳があり、『吾輩は猫である』や『こころ』
などは数種類の訳がありますから、やはり自分好みのものを選べま
す。数種類ある場合、日本語の母語話者という優位の立場から、ど
の英訳が正しいか、ずれているかなど検討するのも楽しいし、日英
発想法の差異の学習にもなります。あのドナルド・キーン氏が、太
宰治の『斜陽』に出てくる「白足袋」を、風俗習慣の違いを考慮し
て「白手袋」と訳した手際に感心したり、その一方、省略されてい
る主語を取り違えるミスを犯しているのに驚いたりした経験が、私
にもあります。
　英訳者は英米人が多いのですが、日本人もいます。中でも坂井孝
彦氏の『英語で味わう日本の文学』（東京堂出版）は、俳句、詩歌、
童謡、名言、歌舞伎の名セリフなど、古典から現代まで、日本人に
親しまれてきた名作の英文対訳アンソロジーで、素晴らしい出来栄
えですので、お勧めします。

4 英語のことわざ

　英語のことわざを英語学習に役立てるのです。いくつか例を挙げてみましょう。

Walls have ears「壁に耳あり」
Hunger is the best sauce「ひもじい時にまずいものなし」
Time flies「光陰矢のごとし」
Time is money「時は金なり」
Seeing is believing「百聞は一見にしかず」
Man cannot live by bread alone「人はパンのみにて生きるにあらず」

　ここに列挙したものを見ると、何だかことわざは英語も日本語も共通であるような気がしませんか？　英語から翻訳で日本語に入ったのに、まるで日本起源のように思えるほど、完全に日本語化したのもあります。長年中学校の英語教育にことわざを活用している濱崎敦弘氏から直接伺ったのですが、ことわざは表現が簡潔でリズミカルであるため、生徒はじきに覚えてしまうそうです。『英文翻訳術』(Gakken) の「暗記用例文集」に加えて、気に入ったことわざを暗記するようにお勧めします。関係代名詞、動名詞、受動態、比較、倒置、省略などがあって、文法教材に役立ちますし、内容的にも、人間の英知が圧縮されているので、意味合いを想像する知的な楽しみを味わえます。

　A rolling stone gathers no moss.「転がる石は苔むさず」ということわざが、英米で異なる意味合いで使われるのを知っていますか？　イギリスでは、「仕事や住居を転々としている人は、成功せず、お金もたまらないこと」のたとえですが、アメリカでは「活動的に動き回っている人は、いつまでも古くならず、能力を錆びつかせない」という意味で使われているのです。また、日本の「可愛い子には旅さ

せよ」ということわざを、自分に好都合に解釈したのか、本気でその意味だと思ったのか、親に旅費を要求した若者の話も聞きました。

　英語のことわざを中心に、豊富な情報を与えてくれる好著もあります。私自身は奥津文夫氏の『ことわざの英語』（講談社現代新書）でことわざの魅力を知り、その後同氏の『ことわざで英語を学ぶ』（三修社）、『英米のことわざに学ぶ人生の知恵とユーモア』（三修社）からも多くを学びました。

５　和文英訳の参考書から英文和訳を学ぶ

　英文和訳の参考書はどれも役立つのですが、一般的に例題が自分には難しいと思ったことはありませんか？　実際に大学受験に出たものや、英米の著名な作品から取ったものが多いので当然ですね。もっと平易な例文で学びたい人に勧めます。まず実例として、佐々木高政著『和文英訳の修業』（文建書房）から。

There was a soft knock on the door. The two stopped talking and exchanged uneasy glances. "Who is it?" said one of them, getting up, and walked towards the door in a scared sort of way.
そっと戸を叩く者があったので、２人は話をやめ、互いに顔を見合わせた。「どなた？」と言いながら、１人が立ってこわごわ戸口に近付いた。

It seems to me that those who are always finding fault with others are apt to shut their eyes to their own faults.
他人のことをとやかく言う人は、とかく自分の欠点に対しては、盲目になる傾きがあるようだ。

It was a fine spring day. I took out the little bird which I had kept for a long time. As I watched him fly away to freedom, peace came into my heart, and I was happy all that day.

それはうららかな春の日であった。私は飼いなれた１羽の小鳥を放してやった。ただ１羽の小鳥にでも自由を与えてやったので、私の心は平和に満たされた。そして私は、その日は１日中幸福を感じた。

さらに私の愛好する毛利可信著『新自修英作文』（研究社）からも。

I am a late riser. This habit has been with me ever since I was a small child. I used to oversleep myself every morning and leave for school without a breakfast, and my mother used to stop me, scold me and take me to the breakfast-table. On those occasions, I was just out of bed and also pressed for time, so, to me, this meal-taking was nothing but a severe trial.

わたしは朝寝坊だ。幼少のころからこれだけはなおらない。毎朝きまって寝坊して朝めしは食べないで登校しようとするわたしを、母はよく叱りつけて食卓に座らせたものだった。起きたてと、時間の心配で、朝めしを食べることはわたしにとっては、まことに苦難の行でした。

Town-dwellers and people living in apartment houses often say they miss the pleasure of having a garden. A space consisting of water, stone and trees. How much charm it can give to our daily life!

町の中やアパートに生活している人たちはよく庭がないのがさびしいと言う。水と石と木が作る空間――それが生活にどれほどのうるおいを与えていることだろう！

He pretends to be innocent of the matter, but this is all his doing.

何食わぬ顔をしているが、すべてあの人の仕業です。

　いかがですか？　英文書きの名手の著者でも、やはり日本人なので、読みやすい英文になるでしょう？　こういう平易な例文なら、たくさん勉強する気になるはずです。しかも、自分の訳と比べて見事な例題を見て、日本語では代名詞をほとんど使わない、主語は省略することなどが自然に身につくでしょう？　だから翻訳に必須の、巧みな日本語表現も学べますよ。一石二鳥です。

6　英語の歌詞で学ぶ
版権の関係で一部しか引用できませんが、

They try to tell us
We're too young
Too young to really
Be in love

　という、ある流行歌（Nat King Cole "Too Young"）の1節目の意味が、すぐにわかりますか？　too…to の例文として秀逸ですね。しかも不定詞が to really be in love と、副詞の really が to と be の間に割り込んでいる分割不定詞であるのも面白いです。冒頭の They が漠然と世間の人、特に年長の大人を指すというのも、機械的に「they ＝彼ら」とだけ覚えている人には勉強になります。
「本当の恋をするにはまだ若すぎるよ、と大人はぼくらに言おうとする」という正しい訳と、あまりずれない訳ができましたか？

　続けて、

They say

204

That love's a word
A word we've only heard
But can't begin
To know the meaning of

とあります。A word の次に関係代名詞 which が省略されていて、we've から最後の meaning of までが、先行詞の A word を修飾していることを知る勉強になります。訳すと、「愛とは、我々が聞いただけでは、その意味を知りはじめることもできないような言葉だと言うのです」となります。

讃美歌も役立ちます。有名な What a friend we have in Jesus の3節目を見ましょう。

Are we weak and heavy laden, cumbered with a load of care?
Precious Savior, still our refuge, take it to the Lord in prayer.
Do your friends despise, forsake you? Take it to the Lord in prayer!
In His arms, He'll take and shield you: you'll find a solace there.
（いつくしみ深き　友なるイエスは
かわらぬ愛もて　導きたもう
世の友われらを　棄てさるときも
祈りにこたえて　いたわりたまわん）

日本基督教団讃美歌委員会の公式の訳は、メッセージをわかりやすく、正確に伝えた大胆な意訳です。原文と対照すれば、文法、訳し方を学べます。

2016年ノーベル文学賞を受賞したボブ・ディランの歌詞は難しい

ですが、興味があればインターネットなどで見てみるのも結構です。

7 『ピーナッツ』など漫画から学ぶ

チャーリー・ブラウンが愛犬スヌーピーに向かって、"What would you say if I told you I was going to devote the rest of my life to making you happy?"「きみを幸福にするためにぼくの余生を奉げると言ったら、きみはどう思う？」と語りかけるのを知っていますか？　これなど、標準的な仮定法過去形の例になります。版権の関係でここでは引用しませんが、インターネットなどで見てみてください。著者であるシュルツの人生、人間への洞察とともに、標準的な英語表現を学ぶ優れた題材になりますから。

20世紀中葉の典型的なアメリカ中産階級の日常生活をコミカルに描く『ブロンディ』も、古き良き時代を懐かしむ人には面白いし、大いに役立ちます。

8 英米の映画で学ぶ

洋画が好きな人なら、映画のセリフを利用するのもいいですね。原文と翻訳の載った脚本は、探せば入手できます。この種の脚本の翻訳には、どうも誤訳がある場合が少なくないようですが、それを発見するのも一興です。

最後に、先生の英語学習史について詳しく聞いてみましょう。

> 先生は、勉強法は自分に一番合うものを自分で見つけるべきだとおっしゃっていますが、参考のために、どうやって英語を身につけたか教えてください。専門家になる前、大学受験の時期くらいまででいいですから。

> それでは、ここで私の中学、高校での英語学習を述べてみましょう。「日本人と英語」というような題名で、日本での英語学習について明治大正から現在までの長い歴史をたどった書物があります。これほどは長くなくても、私個人が中学で初めて英語に触れてから今日まで、かなりの年月になります。この間の私の経験を語ることは、日本における英語学習の変遷のかなりの期間と重なることになり、英語学習を多面的に見るのに役立つかもしれません。英語の学び方、教え方についても、多少参考にして頂けるかもしれません。

英語との出会い

　今は小学校の英語教育がどうあるべきか、様々な議論がなされているわけですね。しかし私が小学生だった時代は、小学校で英語に触れることなどまったくありませんでした。私が小学校に入学したのは、第二次世界大戦が勃発する前の1938年4月でした。まもなく戦争が始まり、英語は敵の言語、つまり敵性語と呼ばれるようになり、私の2人の姉が通っていた旧制女学校では、教えるのが禁止になったくらいでした。英語は敵国の言語だから、使わぬようにして、代わりに日本語を当てるというのです。レコードが音盤、コスモスが秋桜はよいとしても、コロッケは油揚げ饅頭、スキーは雪滑り、楽器のサックスは金属曲がり尺八など、今では笑ってしまうような言い換えが行われたのです。なお、女学校でなく男子の中学校では禁止

になりませんでした。

　私は1945年4月に立川の府立二中という男子中学校に入学し、英語の教科書を手にしました。まずアルファベットの発音と筆記体を習いました。それから This is a book. を習ったのだと思います。発音はもちろん日本人の先生の日本語的な発音でした。戦争中ですから、単語も pen、book だけでなく、tank や soldier もあったのを覚えています。特に、soldier は綴りが厄介で困ったのを覚えています。

　戦況は悪化する一方で、高円寺の私の家も5月の大空襲で焼け、中学1年の途中で東京から埼玉の親類の家に疎開し、埼玉県立の中学校に転校しました。英語の教科書は、当時は全国で国定の同じものでしたから、転校で困ることはありませんでした。しかし、戦争のことが気になり、英語に限らず、どの課目も熱心に勉強する余裕はありませんでした。そして8月になり終戦を迎え、すべての生活が一時的に混乱状態に陥ったのです。

　進駐軍の兵士が日本中に現れて、主にアメリカ英語が始終、聞こえてくるようになりました。英語のブームの到来です。敵性語だった英語が突然誰にでも愛され、日本人の誰もが身につけるべき憧れの対象になりました。戦時中は肩身の狭い思いをしていた英語の教員は、急に自信を取り戻したようでした。

アメリカ兵との交流

　私の疎開先の埼玉県の県立松山中学校にも、体育館を使うために数名のGI（アメリカ兵はそう呼ばれていました）が遊びに来ました。周知のように、マッカーサー元帥が着任直後は、アメリカ軍も緊張していましたが、じきに、日本人はおとなしいと知り、彼らは安心して友好的になったのです。

　街で、「ギブ・ミー・チョコレート。ギブ・ミー・チューインガム」などと声をかけられると、微笑を浮かべて気前よく配っていました。学校の体育館にも遊びに来て、私たち生徒にも気軽に話しかけてきました。でも誰一人理解できず、こちらからWhat is your name? とかHow are you? と言うのが精一杯でした。

　私は鞄から鉛筆を出して、Is this a pencil? と言い、相手が「オオ、イヤー」と答えたので、とても満足しました。もっとも、「イヤー」がyesのことだろうと察するだけでした。アメリカ兵の1人で、まだ10代にしか見えない青年とちょっと親しくなり、放課後ときどき学校へ遊びに来るので、あらかじめこちらが言う英語を準備しておいて、会話を試みました。

　こちらは紙に書いておいたのを見せながら喋ったので、理解してくれましたが、相手の英語は固有名詞以外はほとんどわからず、たまにわかると皆で歓声を上げて喜びました。彼が、自分の鼻を指して、「ノーズ」と言った時など、どんなに興奮したことでしょう！　「これが本当の英語の発音なのか！」と私は思いました。

　ある日、その青年を囲んで、皆でcap, hat, hand, arm, bagなどと言っている時、彼が財布から可愛らしい少女の写真を取り出して見せました。その様子から察して、彼の恋人だと思ったのですが、「恋人」を英語で何というのか誰も知りません。

　誰かが、写真の少女を指して、「ビューチフル」とやっと言いました。

その発音でも、青年は理解し、すっかり喜びました。どうやら、She is my girlfriend. と言ったらしいのですが、girl の発音が聞き取れなくて、「ガール？」と聞いたら、青年は違う単語だと勘違いする始末でした。

　今思えば、私にとって、これが生まれて初めての「英会話」でした。英語ができるようになれば、この親切で気のいい青年と喋れるのだがなあ、残念だ、という思いをとても強く感じました。私の英語学習への意欲はこの時点で生まれたのかもしれません。それも、文法と訳読だけでは足りない、発音と会話が大事だ、と薄々気付きもしました。この思いは、当時の日本人の多くの思いでもあったようです。
　というのも、1945年8月の終戦からわずか1ヶ月後の9月に発売された『日米会話手帳』という薄い本が、年末までに360万部売れたのです。直接GIに接して、彼らの喋る英語がほとんど理解できない、これはいかん！という体験をした人も多くいたでしょうし、何となく日本中で英語熱がとても上がっていました。

　私の疎開先には、東京に下宿して大学に通っている年長の従兄弟がいまして、彼は英語が好きで、夏休みで実家に戻ってくると、私に英語を特訓してくれました。教え方がうまかったのか、習うほうが熱心だったのか、1年用の教科書の最後まで、夏休みに勉強して覚えてしまいました。
　発音は日本流のままでしたが、文法と訳読は自信がつき、秋学期からの英語の授業で、クラスで頭角を現すことができました。この従兄弟の勧めで、1946年2月からNHKで始まった平川唯一氏の「英語会話」を聞くようになったのは、大きな出来事でした。毎週月曜日から土曜日まで、午後6時から15分の短い番組でしたが、本当の発音を学べる唯一の機会でした。

埼玉の中学で1年生を終えると東京に戻り、靖国神社の裏手の九段中学校に2年生の春から入学しました。埼玉の体育館でのアメリカ青年との交流、従兄弟の特訓、平川唯一氏の番組のおかげで、かなり英語熱に浮かされた生徒になっていました。

　東京の中学での英語についての最初の思い出は、中学2年用の国定教科書のあちこちを墨で消す作業でした。新しい教科書の印刷が間に合わず、タンクや軍隊のことが載っている戦時中の教科書しかなく、それをGHQ（連合軍総司令部）の命令で、戦争賛美の箇所を消して使うことにしたのでした。

　それでも世の中、英語ブームですから、英語の先生方は張り切っていました。とりわけ私のクラス担当の安井先生は、英文法の基礎を厳しく、わかりやすく教えてくださいました。中学2年ですから、まだ訳読という段階でなかったので、もっぱら品詞とか文型を覚えましたし、短い英文も暗記しました。三単現、つまり三人称、単数、現在の動詞にsをつけるのを忘れようものなら、怒鳴られました。

　こんな経験があるので、それから半世紀経過し、私がある大学の1年生を教えていたとき、授業終了後に不安そうな表情の学生がやってきて、「あの、先生もクラスのみんなも、よく三単現とか言っていますね。あれ何ですか？」と聞いたので、どんなに驚いたことでしょう！　「君、大学生になっても知らないの？」と口まで出かかったのですが、彼のしょんぼりした様子を見て、穏やかに教えたのは言うまでもありません。

平川唯一氏のカムカム英語

　教育熱心な安井先生でしたが、発音の点で私は不満でした。埼玉の中学の時から続けて聞いていた、平川先生のラジオ講座が救いでした。番組のテーマソングとして使われた「証城寺の狸囃子」の替

え歌であるCome Come Everybodyという英語の歌を聞くと、本場の英語の世界に一気に引き込まれる感じでした。

　テープレコーダーなど録音機械のない時代ですから、聞き逃したら大変だというので、夕方の6時には必ず帰宅してラジオの前に座り、全身を耳にして聞いたものでした。

　平川唯一先生は、16歳で渡米し、苦学してワシントン大学の演劇部で学んだ人だけに、完璧な発音に加えて、英語への姿勢もゆったりとしていました。よく「さあ、皆さん、これから楽しい英語のお遊びを始めましょう」と言っていました。毎週新しい話題が取り上げられていました。アメリカの独立記念日とかエイプリルフールなどの他に、お正月、月見、遠足、お盆、お花見など日本物も多くあって、親しみがわきました。

　親子とか家族間の日常の会話とか、2人の少年と少女との間の平易な英語を使った対話から成り立っています。俗語なども入っていますが、それ以外は中学3年生くらいのレベルです。月曜から金曜までは、平川先生1人が発音して意味も解説します。私は、やはり英語好きな級友と先生の説明をノートに書き写し、翌日比べて、完璧なノートを作りました。そして少年と少女の対話を丸暗記し、友人と交代で、英会話の真似事を何度でも行いました。

　ある時の話題はお月見でした。お月様の模様が、うさぎが餅つきしているように、日本人には見えるという話から、お供え物の団子の美味しさが話題になっていました。少年が、「母が本物の砂糖をたくさん使ってくれたから、とりわけ美味しい」という意味で、especially when Mother is generous with real sugar と言ったのが、今でも頭に残っています。

　「本物の砂糖」と言っても、今の若い人にはわからないでしょうね。当時、砂糖は貴重品で入手困難なので、普通はサッカリンという美

味しくない人工調味料で我慢していたのです。

　こういう内容の対話には、学校の教科書にない魅力がありました。生きた英語、役に立つ英語、という感じがあったのです。夢中で学び、暗記しました。ですから週最後の仕上げの土曜日までには、テキストなしでも対話が完全に頭に入っていたのです。

　土曜日には、先生以外にゲストが出演します。アメリカ各地出身の男女で、「今日のゲストは南部出身のレベッカさん、そう、京都弁のような柔らかい発音をなさいますよ」というような、平川先生による紹介があります。

　平川先生とゲストが交互に少年役と少女役になり、最初は普通の速度で、2回目はゆっくり、3回目はまた普通の速度で、音読が行われます。加えて、その日の対話の内容について先生が即興でゲストと会話をします。ゲストは素人ですから、ほぼ皆さん早口で聞き取

れませんが、それでも先生の説明を聞くと、半分くらいわかったような気分になって、嬉しかったものです。同時にリスニングというのは難しいけど、何とかして身につけたい、というやる気が起こりました。

文法重視

　文法重視の安井先生は、生真面目な性格でしたから、カムカム英語を嫌っていました。教室で、「あの平川という人は、英語学習を『お遊び』などと言っている！　遊びなんかじゃあ、英語は絶対に身につかん」と発言されました。平川大人気をやっかんだ批判でなく、先生にとって英語学習は真剣に歩むべき英語道だったのです。

　ある時先生に、こんな質問をしたことがありました。
　Your sister is a nice girl. と言われた時、nice には色んな意味があるので、どういう意味のniceか聞く場合、What do you mean by your nice? と言えますか、と聞きました。しばらく考えていた先生は、「今は忙しいから、明日答える」と言われました。
　翌日、先生は1枚の紙を渡してくださり、そこには綺麗なペン字で、What do you mean by the word 'nice', which you have just said? 「あなたが今言ったナイスという単語はどういう意味ですか？」と書いてありました。「これでどうだね」と言われた私は、ただただ感謝してお礼を言うだけでした。
　しかし心の中では、平川先生なら違った答えをするのではないか、と思いました。私は、your nice「あなたのナイス」と言えるかどうかを知りたかったのです。安井先生が教えてくださったことは、質問に対して見当はずれである上、生きた英語ではないような印象を受けたのです。私は会話と和文英訳は違うのだろう、と考えました。
　そして自分はもっと、英文和訳や和文英訳でない、喋り、聞く英語を学びたいという思いが強まりました。

　ちょうどその頃、学校で堀英四郎という著名な英学者の講演会がありました。司会の先生は「堀先生は『正しい英語会話』という本の著者で、英語の神様です」と紹介なさいました。
　「今の時代は英会話が大事だ」という趣旨の講演だったと漠然と覚

えていますが、日本人の失敗例が心に残りました。日本の実業家がアメリカ人を邸に招いた時、喋る英語が下手で、珍妙な事態になった、という話です。晩餐の時間になり、応接室から隣の食堂へ客を案内しつつ、主人は There is nothing to eat, but please eat next room.「食べるものは何もないけれど、どうぞ次の部屋を食べてください」と言って客を唖然とさせたそうです。

　堀先生は、「これは、何もございませんが、どうぞ隣の部屋で召し上がってください、というつもりだったのです。諸君はしっかり英会話を勉強して、日本人として、こんな恥ずかしい表現をしないように」と言われました。
　先生は発音については言及しなかったのですが、私はこの話を聞いて、外国人と誤解なく話し合うためには、文法に加えて、話し聞く訓練をもっともっとしなくてはならないのだと悟りました。

発音の悪さ　例文暗記

　私の次姉の友人の家に下宿人として、日系2世の女性が住んでいました。姉が英語学習に夢中の弟の私を、この女性に会わせる機会を作ってくれました。私は勢い込んで、学校で使っている3年生用の教科書を持参して、そのカタコト日本語の女性に会いました。親切そうな人でしたが、私が教科書のある課を読むと、困った顔をして、「とーてもひどいね。それじゃあ、何だかわかりーません！」と言いました。
　そして彼女が読んでくれて、私に真似するように言うのですが、あまりに違うので、その場ではうまく直せませんでした。彼女は「時間あれば教えてあげたいね。でもわたーし、仕事あって、たいへんに忙しい。ごめんね」と言いました。

　もちろんショックでした。姉とその友人のいるところで恥をかき

悔しい思いをしました。でも、自分の英語では通じないという劣等感よりも、さらに頑張って正しい発音を学ぼうという意欲の方が勝っていました。しかし、発音を改善する手段は身近にありませんでした。頼りだった平川英語を聴く勉強は継続していたのですが、徐々にマンネリになったせいか、

次第に飽きてきました。安井先生の批判の影響もあったのでしょう。

　文法、英語例文の暗記、さらに語彙を増やす勉強なら、自分一人でできるので、文法問題集をやり、単語カードを作りました。例文の暗記は声に出して、始終やっていました。大きめのカードの表に日本文、裏にそれに相当する英文を書いて、表から裏でも、裏から表でも瞬時に言えるようにしたのです。夏など、近所の野原で小声で暗記しながら歩いていると、蚊が口に入り、飲み込んでしまうこともありました！

　こうして中学校を終えて、都立九段高校に進学しました。1948年のことです。部活動としてはESSに入りました。リーダー格の先輩、とりわけその後NHKの国際放送で活躍することになる矢口堅三氏が張り切った人で、英語を上達するには練習が大事だから、部員同士はいつも英語で喋り、手紙も英語で書くようにしようと言い出しました。

　そこで、帰宅で一緒の仲間と電車の中でも英語で喋ることにしていました。もちろん、小声で喋っていたのですが、ある時そばにいた年配の紳士から、「戦争に負けたからって、君たち、日本人だった

ら英語で喋ることはないぞ」と叱られてしまいました。

　九段高校は神保町に近く、友人の一人の家が古書店でした。今も健在の、大雲堂書店です。1年生になったある日の放課後、大雲圭介君の家に遊びにゆくと、友人の部屋にまで未整理の古書の山がありました。その中に受験参考書が何冊もありました。戦前の本でしたが、当時新品として売っていた紙質の劣悪な本より、はるかに綺麗な本でした。

　英文法と英作文の2冊が特に気に入り、熱心に見ている私の様子に気付き、友人が、「そんなに気に入ったんだったら、オヤジに聞いて、いいと言ったら、君にあげるよ」と言ってくれ、実際に頂戴しました。どんなに嬉しかったことでしょう！
　英語の例文暗記用の大きなカードは、教科書から自分で書き写した自家製でしたが、今や良質の紙に印刷した例文がいくらでも載っている本が手に入ったのです。文法事項の解説や入試問題も、高1には難しかったのですが、頑張って勉強し、覚えてしまいました。この参考書はあまりに愛用したので、ボロボロになり、手元に残っていません。

　今思い出してみると、受験参考書なので、「ここは必ず出るから暗記せよ」とか、「最難関校以外は出ないから無視してよい」とか、入試に直結した助言が多くあり、学問的にすぐれたものではなかったと思います。例文も、著者が日本風に作文した英文のようでした。それでも、印刷物に飢えていた私には、まさに干天の慈雨でした。

GHQ高官との会話

　その頃高校で、戦時中に疎開して行方不明になっていたグランドピアノが、GHQの文化部の尽力で学校に戻ってきました。その式典

が講堂であり、文化部代表の高官が夫妻で学校を訪問しました。感謝の言葉を英語で書き、読み上げる役が私に回ってきました。

大雲君にもらった参考書のおかげで、英作文は得意だったので、何とか作文し、安井先生に添削して頂き、英語の先生の中で一番発音がうまいとされていた別の先生に、読み方の練習を受けました。それで当日切り抜けられました。高官が私など数名の生徒と話したいというので、式典後、校長室で夫妻と紅茶を飲みました。しかし、相手の話すことは少ししかわかりませんでした。

ピアノ返還に絡んで、高官が音楽は好きかと聞いたので、私は好きですと答え、ベートーベン、チャイコフスキーの名を挙げました。すると相手は、ドビュッシーは好きかと聞いてきました。固有名詞が聞き取れなくて、私が I don't know. と言うと、相手は You like music, AND you don't know Debussy!「音楽が好きだというのに、ドビュッシーを知らないのかね」と言いました。ゆっくりはっきりだったので、意味が理解できました。

恥ずかしいと感じながらも、私は「この強く発音した『アンド』は、『それなのに』という意味なのかな？」と考えていました。本当に熱心な英語少年だったものだと、思い出すとおかしくなります。

この高官が、会場の講堂に、緊張した面持ちの校長に先導されて、夫人と一緒に凛とした姿勢で入場してきました。講堂の中央で立ち止まり、先を行く夫人を指しながら、太い声で Ladies go first in the United States of America. と言いました。敗戦国の無知な高校生に、西洋の礼節を教えようという気持ちからでしょう。私は、レッディー・ファーストじゃあなくて、複数形にするのが正しい英語なのだ、とここでも英語少年らしく学びました。

多読体験

　やはり高1の時、英語担当の瀬戸先生が副読本として、ディケンズの『二都物語』という興味深い歴史小説を使ってくださいました。いわゆるretold物で、長い原作を英語初心者用に30ページくらいの物語に圧縮したものでした。正規の教科書とはずいぶん違い、面白そうな感じでした。

　当時の正規の教科書には、今と違って、英米の有名作家の作品の一部が、ほぼ原文のまま載っていました。今も記憶しているのは、高3用だったでしょうか、ワシントン・アービングの短編集『スケッチブック』の一部です。The Wifeという題名でしたが、とにかく難しいものでした。知らない単語や難解な構文が次々に出てきます。

　確かに名文というか、格調高くて、声に出して読むと、とても高級な感じがします。先生に詳しく説明されて、内容も立派だと納得できました。その一方、1時間の授業では1ページしか読めず、その課全部読むのに数回かかりました。

　これに対して、『二都物語』は、1ページに知らない単語はひとつかふたつしか出てきませんし、文法的に複雑な文はほとんどありません。ですから、読み出せばすぐに話に入って行けました。短縮といっても、多くの登場人物のそれぞれ異なる性質がきちんと描かれていました。人物間の会話も多くありました。想像力で補えば、人物の顔まで頭に浮かびました。

　時には難解な英語が混じっていました。後に原書を読む機会があり、原文をそのまま引用していたのだと知りました。そんなわけで、この副読本は、全体として英語を読む楽しさを味わわせてくれました。私は、英語で読んでいるのを忘れ、日本語で物語を読んでいる時と同じ感じで、主人公が愛する女性のために命を奉げるのに感激しながら、ページを繰りました。

　英語に慣れるのには最適でした。すっかり味をしめて、大きな書

店に行き手に入るだけのretold物を読みました。でも数冊しかありませんでした。いくら探しても、それくらいしか当時はなかったのです。

　私は、今でも丸善や紀伊国屋に行くと、その種の本のコーナーに行くのが好きです。今ではretold物と並んで、名作の書き直しでなく、最初から語彙を限ったgraded リーダーがあり、両方合わせると山ほどあるのを眺め、今の若者が羨ましくなります。教員になってから、折りあるごとにこの種の本を読むように学生に勧めてきたのは、この経験からです。

日本人の先生の英語での授業

　ピアノ返還式典の高官は、GHQの文化部所属だったようですが、進駐軍が日本の英語教育について文部省にいろいろ助言をしているという噂が、生徒たちの間で囁かれていました。

　ある日の英語の時間に、こんなことがありました。英文法と英作文担当の律儀な伊藤先生が、教室に入ってくると、いつもとは違うちょっと緊張した面持ちで、Good morning, everybody! と挨拶しました。生徒一同あまりびっくりしたので、教室は水を打ったように静まりかえりました。

　皆からじっと注目されて、戸惑った様子の先生は、それでも英語を続けて、Let us begin English lessons. Today we will study Lesson 5 Adverbs. Please turn to page twenty-five……「英語の勉強を始めましょう。今日は第5課　副詞を学びます。さあ、25ページを開いて……」そこにノックの音がしました。用務員さんで、「伊藤先生、お宅から電話です。急用だそうです」と言いました。

　先生は慌てて、「皆、待っていてくれ」と日本語で言われて、用務員さんの後からついて行きました。生徒一同、呆気にとられていましたが、いくら待っても先生が戻ってこないので、お喋りをはじめ、

一人が立ち上がって教壇まで行きました。「あ、先生書いてきたんだ」と彼が素っ頓狂な声を上げたので、私も教壇まで駆け寄りました。教科書が開いたまま置かれていました。先生は慌てて置き忘れたに違いありません。ページの余白に、小さな字で、英語が書かれています。さっき聞いたGood morning, everybody! Let us begin……以下の英語が、全部書いてありました。

　事情は高校生にも明白でした。噂の通り、高校の英語の授業はすべて英語で行うべし、という命令が当局から学校にきて、生真面目な先生は指示に従おうとしたのです。英語で文法を説明するなど無理だけど、書いておいて読み上げれば、何とか可能かもしれない。先生はこう考えて、実行したのでしょう。

　それがわかると、私たちは複雑な気持ちになりました。一方で、英語の先生なのに書いておかなくちゃ話せないのか、という失望があり、一方で話せないのに頑張ってお気の毒という同情がありました。生意気盛りの高校生ですから、失望が同情を上回っていたでしょう。

　ようやく先生が戻ってきました。「用事で待たせて悪かった。さあ、始めよう。副詞だったね」と、いつもと同じ日本語での授業が続きました。先ほど英語を使ったことへの説明はまったくないのです。皆、狐につままれた感じでしたが、誰も質問する勇気はありませんでした。

　ご存じかもしれませんが、2013年から高校での英語の授業は英語で、という指示が文科省から出ているわけですが、それが実行されていないという報道に接して、私は今も昔も同じことが繰り返されているという思いを禁じることができませんでした。

　でもその時は、学校での英語学習に発音と会話が取り入れられるべきだという思いが私の頭に再燃してきました。埼玉の中学校で、

アメリカ青年と英語の発音ができないので心を通わせることができなかった、という無念さが蘇ってきました。

英作文「昨夜よく寝られなかった」

　伊藤先生が1回だけにせよ、教室で英語で話したということが刺激になり、私は時々英語で質問を試みました。May I ask you a question, sir? と言いだすと、先生は緊張し、クラス全員がしーんとなったのを覚えています。英作文の時間にこんなことがありました。

　当時は、副読本として『村井・メドレーの英作文』という本がどこの高校でも使われていました。天候、買物、旅などの内容別、あるいは仮定法、受動態などの文法別に各章が分かれていて、例題の日本文とその英訳が大きな活字で出ていて、それを学ぶと練習問題が続くのです。例題は教室で先生に習い、練習問題は宿題として家でやってきて、次の授業で当てられた生徒が解答を黒板に書いて、先生が他の生徒に質問しながら添削する、という形式で授業が運ばれてゆきます。

　ある時、練習問題に「昨夜はよく寝られなかった」というのがありました。宿題をやっている時、たまたま父が、「今読んでいる雑誌に福原という方が英語のことを書いているよ。お前も読んでごらん」と言って、出たばかりの文藝春秋を渡してくれました。早速読んでみると、東京教育大学の福原麟太郎教授が、英国留学中に自由英作文で、I could not sleep well last night. と書いて、イギリス人の教師に、well→properly と訂正されたと書いてあるではありませんか！　先生は、ことほどさように、イギリス人から見て正確な英文を書くのは、日本人には至難の業だと、述べていました。

　私はびっくりしました。どうして well ではいけないのでしょう？とにかく、翌日の伊藤先生の授業を待ちました。

当日当てられた山田君が、I could not sleep well last night. と黒板に書きました。伊藤先生は、「これはやさしいね。これで問題なし」と言って、次の問題に移ろうとしました。「先生、福原先生がいけないと書いていますよ！」私が立ち上がって言いました。先生は文理大の出身だったので、ぎょっとしたようでした。説明を求められて、雑誌で読んだことを話しました。先生は困ったようにしばらく考えてから、山田君の書いたwellにチョークで線を引き、横にproperlyと書きました。「諸君、properlyというのは、適切にという意味だ。考えてみれば、よく寝られない、というのは適切に寝られない、ということだから、この副詞がいいな」と説明しました。

　不満顔の山田君が立ち上がって、「じゃあ、僕が書いた文は誤りですか？」と言いました。先生はまた困ってしまい、曖昧な答えをされていました。

　私は、授業を混乱させて申し訳なかったと今は思います。昔は、英語を母語とする人に、訂正されると素直にすぐ恐れ入る習慣があったのです。先生をやり込めていい気になった当時の私を恥じます。この出来事を、数十年後にある席で、急に思い出しました。そこに気軽に話せる英米人が数人いたので、話してみました。すると皆、

wellが普通だ、properlyというのはやや特殊だ、と言いました。福原教授を指導したイギリス人個人の癖だったのでしょう。

　とにかく読解と英作文の力はある程度ついたのですが、発音だけは自分で解決できませんでした。ちょう

どこの頃、池田潔氏の『自由と規律』（岩波新書）が出て評判になり、NHKが番組で取り上げ、高校生の読者として英語好きというので私が選ばれて、その番組で著者に感想を伝え、質問することになりました。私は、池田少年がイギリスのパブリック・スクールで先生から正確な発音を習う時の苦労話に一番心を引かれました。口に太い指を差し込まれて、舌の位置を直されたりしたと具体的な方法が書いてありました。

　そこで、私はラジオ番組に出た時、正しい英語発音の習得について尋ねました。しかし著者は、日本で民主主義を根付かせるのには、イギリスの自由と規律との調和を取る方法を見習うのがよいという自説にもっぱら関心があって、私の質問は軽くあしらわれてしまいました。

　こうして発音改善に関しては、方法がなくて困り、そのため、高2になってから、自分でも驚く大胆な行動を2つ取りました。元来気が弱い私が、よくもそんな心臓があったと驚きます。若さ特有のものだったのでしょう。

アメリカ婦人訪問

　九段高校の隣にお邸がありまして、表札にECHOLSと出ていました。当時Nancy EcholsというGHQの高官の夫人が、英字新聞のNippon Times（今もあるJapan Timesの前身）によく寄稿していて、英語教育を話題にしていました。文法と訳読よりも、話し聞く能力をつけるべきだというのですから、私と同意見だったのです。あれこれ調べると、やはりこの邸の主でした。

　当時は日本人の邸が強制的に接収されて、進駐軍の高官が住んでいたのです。私はこの人宛に手紙を書きました。私はお宅のお隣の九段高校の生徒で、あなたの日本の英語教育についてのエッセイを読んで共鳴した。ついては一度お目にかかってお話したいのです、

というような趣旨だったと思います。その手紙には、切手を貼らずに、邸の郵便受けに入れました。

　数日後、待ちわびた返事が学校宛で届きました。小躍りして封を切りました。会いにいらっしゃいという内容で、数日後の放課後の時間が指定してありましたから、私はすっかり興奮しました。周囲にALT（外国語指導助手）など、接する外国人がいる今の児童や生徒には、理解できないであろう興奮ぶりでした。何しろ、外国人と会って、1対1でゆっくり話し合うというのは生まれて初めての経験だったのです。

　約束の日時までに、英語学習についての意見をどう伝えるか、いろいろ考えてノートに書きました。英語の伊藤先生のように、英語を書いておけば大丈夫だと思ったのです。「話すというのは、実質上、書くことだ」とよく学生に言ってきましたが、この米婦人訪問が原点でした。当日は、母が私の服や靴が清潔であるように気配りしてくれました。息子がアメリカ女性と会うというので、英語にまったく関心のないはずの母が、こんなことを思い出しました。

　自分が女学校の2年生の時、時々イギリス人の女性の先生が来て英会話を教えたと言うのです。でもその方は日本語を知らず、生徒はまったくわからず騒いでいると、よく「ビクワイヤ！」と言っていたそうです。これは多分、Be quiet!「静かに」だったのでしょう。東京の山手の私立女学校でのことでしたが、そんな大昔（1915年前後）に英会話のお稽古の授業があったようです。

　さて、エコルズ邸でベルを鳴らすと、メイドが現れて、広々とした応接室に通されました。待っていると、やがて白髪の上品な老婦人が現れました。How do you do? I am glad to see you. と私は用意してきた挨拶をしました。夫人は緊張しきった私を落ち着かせようと、

微笑を浮かべ、席につくよう
に促しました。

　夫人の英語は、とてもゆっ
くりではっきりしていたの
で、驚くほど聞き取りやすか
ったです。多くの日本人の英
語に接していたので、日本人
と交流するのにふさわしい話
し方を心得ていたのでしょ
う。今風に言えば、彼女は国
際共通語としての英語を用い
てくれたのですね。

　彼女が話す内容も、嬉しいものでした。お隣にある学校の生徒さ
んと話すのは初めてで楽しい。あなたとは年齢も国籍も違うけれど、
英語についての意見が同じようだから、それだけ余計に嬉しい、と
語りました。最後のところは、定冠詞のtheには「それだけ一層」と
いう意味があると、授業で教わったばかりの表現でした。

　私が、学校で英会話を教えて欲しいのです、と言うと、自分個人
は直接は何もできないけれど、夫の友人を通して日本の文部省に助
言できると思う、と言いました。私は、そんな大げさな話でなく、
夫人に週1回でも隣の高校で教えてくれないものかと、密かに考えて
いたのです。実際、もし夫人が若い人なら、そう頼んだところでした。

　まもなく紅茶とクッキーが出されました。私が発音が悪くて申し
訳ないと言うと、夫人は私の発音はそう悪くない、注意して聞けば、
話がよくわかる、と言ってくれました。ラジオの平川唯一先生の番
組で勉強したと告げると、あれはいい番組ね、と言い、他にも東京
外語大の小川芳男先生の基礎英語という番組があるから聞くといい、

と勧めてくれました。

　それから、ややくつろいで、日本の方はどうもリスニングが苦手なようで、あなたの意見のように、もっと耳の訓練をするべきだと思う、と言いました。それから、つい先日も、こんな出来事を経験した、と話し出しました。

　小川先生と基礎英語の番組出演のことで連絡する必要があり、夫人がCall me at eight in the morning.「8時にお電話ください」とお願いしたのに、call on me と聞き違えたのか、先生が、私がパジャマ姿のままの時刻に「訪問」してきて困った、と話しました。

　私は、小川先生のような著名な学者でも、「電話する」と「訪問する」を聞き違えるのか、と驚きました。それとともに、高校でリスニングの授業をして欲しいという気持ちがいやが上にも高まるのでした。もっともこの時代には、call に「電話する」という意味があるのは、あまり知られていなかったのですが。

　今調べてみると、この夫人のご主人は占領時代にマッカーサー元帥の下で広報担当の武官として活躍した、エコルズ大佐でした。夫人は小川先生の基礎英語だけでなく、カムカム英語にも土曜日のゲストとして出演していて、平川先生はゲストと聴取者との文通を促していたので、国弘正雄氏は少年時代に夫人と文通したようです（平川唯一の次男、平川洌著『平川唯一とカムカム英語の時代』日本放送出版協会による）。エコルズ夫妻は、私との出会いも含めて、民間レベルでの日米親善、英会話普及を仕事の一部にしていたようです。

英字新聞への投稿

　その年の秋になって、私はもうひとつ大胆な行動に出ました。エコルズ邸訪問の成功に味をしめて、さらに英語教育の改善について自分にできることをやろうと決心したのでしょう。Nippon Timesの

投書欄に投稿したのです。こんな書き出しです。

No one can deny the fact that the importance of learning the
English language is increasing day by day. However, has the method
of teaching it been changed after the war? In high schools, for
example, they teach only translation and grammar just as they did
before the war.

「英語を学ぶ大切さは日々増しているという事実を否定する者はい
ない。しかしながら、その教え方は戦後変わったであろうか？　た
とえば、高校では、戦前とまったく変わらず、訳読と文法だけしか
教えていない」

　そして英会話を教えるべきだと主張し、それが実現していないの
は、英語の教員自身が英会話ができないからである、と息巻いてい
ます。急に改善するのは無理でしょうから、実現可能な提案があり
ますというので、平川唯一氏のラジオ講座を夕方だけでなく、夜9時
以降に再放送したらどうかと、ささやかな提言までしたのです。

　この投書が学内で評判になりました。コピーなどのない時代なの
ですが、英語の先生たちも友
人たちも、皆で話題にしまし
た。先生方は私を生意気な生
徒だと不愉快に思われたはず
なのですが、そうではなかっ
たのです。
　少なくとも表面的には、批
判よりも、賛成が多かったの
です。猫も杓子も、英会話や
らなくちゃ！と思い込む時代

だったからでしょう。英語ブームは、何度も繰り返されているのです。

　高校3年生になった頃、受験勉強で忙しいはずですが、私は自分だけでは学べない正しい発音を学びたいという、長年の念願を叶えたいと思いました。

　そこで、当時流行りだした夜間の英会話学校に入りました。キリスト教会が経営に関係している、目白駅近くのロゴス英学校だったので、講師には宣教師が数人いました。その1人で、アメリカで教師だった、ミス・エルマーという若いアメリカ女性の担当する小人数のクラスに出て、生の発音を週に3回聞けるようになりました。

ミス・エルマーの個人レッスン

　エルマー先生は、発音指導だけでなく、自分の選んだ話題について書く自由英作文の宿題を出して、とても丁寧に添削してくれました。私は、平川英語で習った、お月見やお盆など、日本の風物をテーマにした作文をどんどん書き、添削されたものを書き直して提出、という繰り返しを続けました。私ほど熱心に書く者はクラスにいませんでしたし、日本に来たばかりの先生には日本の風物紹介が面白かったのか、いつしか先生の家で無料の個人レッスンを受けるようになりました。

　その頃、野口英世の伝記に基づく日本映画が評判になっていました。エルマー先生が、自分は高校生の時にレポートで野口博士のことを書いたことがある。だから、ぜひ見たいけれど日本語がわからない、と言いました。そこで、日頃のお礼にと、平日の朝一番の回にこの映画に誘いました。

　その数日前に私一人で見に行き、台詞をノートに書きました。2回見たら主要な台詞は書き取れました。それを家で英訳し、ほぼ暗記しました。こうして観客の少ない時間に先生の耳元で台詞を小声で

通訳しながら映画を見たのです。

こんなこともありました。九段高校の文化祭にお誘いし、その日時のことで、誤って伝えたので、私が「この間嘘つきましたけど」というつもりで、I told you a lie the other day…と言いかけると、先生は血相を変えて、What! と言いました。私が「英語劇は土曜

日でなく金曜日にやるのです」と付け足すと、それは嘘なんかじゃあありません、誤っただけですよ、と言いました。

　今ではどの英和辞典にも、tell a lie、liarは日本語の場合より、はるかに重い意味なので注意せよ、と記されていますが、当時はまだそういう情報はありませんでした。同じく、quite a fewというイディオムが、今ではどの辞書にも「多くの」だと記されていますが、当時は「まったく少し」と解するしかなかったので、先生との間で行き違いが起こったことがありました。辞書はオールマイティじゃあない、英語の正確な意味はコンテクストで把握すべきだ、という私の主張は、エルマー先生とのこのような経験から自然に身についたようです。

　宣教師として人にキリスト教を伝えることを生涯の使命だとされた真面目な先生でしたが、もっぱら英語の習得に熱心な私をも受け入れる寛大さも持ち合わせていました。念願の発音も、正しく言えるまで辛抱強く指導して頂けました。こうして、エルマー先生のおかげで高校卒業までに、英語の読み書き、話し聞く、のすべてをバ

ランスよく身につけようという思いが、徐々に実現できました。

　大学入試のための勉強は、こと英語については、十分にやってきたので、過去問を少し試みた他は、数学や化学など苦手な課目に時間と労力を使いました。

　入試に出た英語の問題では、はっきり記憶に残っているものがあります。英文解釈です。エッセイの一部、下線部のある部分を訳す設問で、一字一句覚えています。Excess, it seems to me, may justly be praised if we do not praise it to excess. 「過度というものは、過度に褒めない限り、褒められてもよいものだと私には思える」という書き出しの文です。受験生の身であるのを忘れて、内容も表現もバランスが取れていて素晴らしい、と強い感銘を受けました。

　ここまでで、高校卒業までの学習は終ったのです。皆さんの参考になるような箇所もあったでしょうか。私の経験が、少しでも皆さんの英語学習のお役に立てば嬉しいです。

おわりに

　ここに読者の皆様にお届けした『英文読解術』は、今から8年前にディーエイチシー編集部からの依頼で、私が書き上げた書物の復刻版です。

　せっかく三作目を出すのであれば、新しい特徴を出したいという思いで、私と編集部が一致しました。結果として、前二作とも、多くの類書とも異なるいくつかの特色を工夫することができました。解説の中に設けたQ & A、「英語よろず相談室」での回答や、必要最低限の文法知識、学習の裏ワザ、私の英語学習史の紹介などです。

　最後の英語学習史について、一言お断りしておきます。こういう学習史の記述はえてして自慢話になりやすいですので、そうならぬように気を配りました。また、普通の日本人が持てないような有利な学習環境に恵まれたというのでは、そうでない人には参考になりません。その点、私は特別な環境になかったし、親の関係で英語圏に住むこともありませんでした。強いて言えば、エルマー先生から目を掛けて頂いたのは大きな出来事でしたが、これはその気になれば誰でも得られる幸運だったと思っています。つまり、博愛心に富む先生でしたから、自由英作文を書いてくれば、誰でも訂正してくださったのです。ただ、毎回必ず提出し、訂正箇所を書き直して再提出した者は、一人減りまた一人減り、最後に私だけになったという事情で、結果的に先生を独占できたのです。

　本書執筆中の2016年9月15日、朝日新聞夕刊の「英語をたどってIV」で、前二作が大きく取り上げられました。担当の編集委員である刀祢館正明氏は、二作の刊行を英会話、コミュニケーション推進派への「保守本流からの異議申し立て」だと捉えて、本の内容を紹介しています。この記事が大きな反響を呼んだことで、元気をもらい、たち

どころに最後まで書くことができました。同氏の好意に感謝します（『英文翻訳術』に収録した「例文集100」の例文が明るい内容であるのは、佐々木高政『和文英訳の修業』（文建書房、1952年）の例文が暗いという刀祢館氏の批判から、ヒントを得たのでした）。

『物知り博士』の今回の新訳は、岩波文庫の『モーム短篇選（下）』（2008年）に収録したものに基づいています。岩波書店は寛大に許可してくれました。文庫を所持している人には、同じ訳者でも、歳月を経てわずかにせよ、訳し方が変化しているのを観察して頂けましょう。さらに、別冊の翻訳21世紀版『物知り博士』は、本編の訳を再度推敲したものとなっております。原文から独立した日本文の作品として、読者に一層楽しんで頂けるような工夫をしましたので、翻訳に興味の深い方はぜひ、両者を比較検討されますようお願いいたします。

　編集者の方々は、新しい特徴作りについて全面的に援助してくれ、特に「設問」ではいくつもの試案を作成してくれました。

　私事になりますが、妻恵美子は新訳作成で、細部まで助言してくれました。以上の人たちに深く感謝します。

　本書の執筆に際しては、以下の書物のお世話になりました。記して感謝します。絶版のものもありますが、古書店、図書館などで見ることが可能でしょう。

朱牟田夏雄『翻訳の常識』（八潮出版社、1979）

上田勤『現代英文の解釈と鑑賞』（金星堂、1959）

佐々木高政『和文英訳の修業』（文建書房、1952）

佐々木高政『新訂英文解釈考』（金子書房、1980）

江川泰一郎『英文法解説』（金子書房、1953、1964、1991）

毛利可信『新自修英作文』（研究社、1967;2009復刻版）

別宮貞徳『翻訳と批評』（講談社学術文庫、1985）

別宮貞徳『特選誤訳迷訳欠陥翻訳』（ちくま学芸文庫、1996）

奥津文夫『ことわざの英語』（講談社現代新書、1989）

奥津文夫『英米のことわざに学ぶ人生の知恵とユーモア』（三修社、2011）

中原道喜『誤訳の構造』（金子書房、2021）

中原道喜『誤訳の典型』（金子書房、2021）

真野泰『英語のしくみと訳しかた』（研究社、2010）

Edwin McClellan: Kokoro （チャールズ・イー・タトル出版、2005)

『オーレックス和英辞典』（旺文社、2008）

坂井孝彦『英語で味わう日本の文学』（東京堂出版、2010）

　私の著書・訳書では、特に以下を利用しました。

『英語の発想がよくわかる表現50』（岩波ジュニア新書、2005）

『身につく英語のためのA to Z』（岩波ジュニア新書、2014）

『サミング・アップ』（岩波文庫、2007）

『モーム短篇選（下)』（岩波文庫、2008）

『サマセット・モームを読む』（岩波セミナーブックス、2010）

『モームの謎』（岩波現代文庫、2013）

『英会話不要論』（文春新書、2014）

『英文翻訳術』（Gakken、2024）

2024年3月

行方昭夫

【著者・訳者】

行方昭夫（なめかた　あきお）

1931 年生まれ。東京大学教養学部イギリス科卒業。東京大学名誉教授、東洋学園大学名誉教授。日本モーム協会会長。英米言語文化学会顧問。主な著書に『英文の読み方』『英語のセンスを磨く』『サマセット・モームを読む』『モームの謎』（岩波書店）などがある。

英文読解術
東大名誉教授と名作・モームの『物知り博士』で学ぶ

【PRODUCTION　STAFF】

編集協力	宮崎麻実
イラスト	いけがみますみ
ブックデザイン	山之口正和（OKIKATA）
DTP	株式会社 Sun Fuerza

物知り博士

訳・行方昭夫

マックス・ケラーダという名前からだけで、顔も合わせていないのに、どうせ嫌な男だと決めてかかっていた。戦争が終わったばかりの頃だったから、大洋航路の定期船で移動する客が大変多く、よい船室を確保するのは非常に難しかった。旅行会社に「やっと取れました」と言われたら、それで満足しなくてはならない。船室を独り占めしたいと申し出るのは無理だったから、二人部屋が取れた時は有難かった。ところが、相客の名前がマックス・ケラーダというのだと告げられた時には、落胆した。この名前からは、夜の空気が一切入らぬように、舷窓がしっかり閉じられているというイメージしか浮かばない。誰とであれ、十四日間も（私はサンフランシスコから横浜へ向かっていた）同室するのは不快であるのだが、もし相手の名前がスミスとかブラウンとかいうのであれば、不快感も少しは和らいだであろう。

乗船して船室に入ると、ケラーダ氏の荷物はもう運び込まれていた。一目見て不快だった。スーツケースにはいやに沢山ラベルが貼ってあるし、衣裳箱ときたら馬鹿でかい。荷物から洗面道具をもう取り出していた。どうやら高級なコティー製品の愛用者のようで、洗面台に置かれた香水も洗髪剤も整髪剤も全部同社の品ばかりだ。

髭剃り用のブラシがあったが、金色のイニシャルがついている黒檀製で、どう見ても、髭剃りよりも体をごしごし擦るのに使うほうが向いている。持物からして嫌な奴だ。私は喫煙室に行ってみた。ボーイにトランプを持ってこさせ、ペイシャンスをやり出した。ほどなく、男が近付き、「失礼ですが、あなたは何々さんですね？」と尋ねた。

男は「私はケラーダと申します」と名乗り、きらきら光るような白い歯並みを見せてにっこりしてから、座った。

「ええ、そうですよ。同じ船室でしたな」

「ラッキーでしたな。いやあ、どんな御仁と一緒に押し込まれるか、まったく知れたもんじゃあないですからなあ。すごく喜びましたよ、あなたがイギリス人だと聞いた時は。こういっちゃなんですが、外地にあっては、我々イギリス人は結束しているべきだというのが私の意見でしてね」

私は思わず目を見張った。

「え、あなた、イギリス人でしたか？」ひょっとするとぶしつけな質問だったかもしれない。

「もちろんですとも。まさか私がアメリカ人だと思った

んじゃあないでしょうな?　生粋のイギリス人ですよ」

証明するため、ポケットから旅券を引っ張り出して、

私の鼻先でひらひらさせた。

ジョージ王の臣下には奇妙な連中も多くいるものだ。

ケラーダ氏はイギリス人の平均より、背が低く、身体が

頑丈だ。髭は蓄えず浅黒い肌で、でかい鷲鼻、光沢のあ

る、澄んだ大きな目をしている。長い黒髪はつやつやし

て縮れている。英語を流暢に話すけれど、本物の英語か

らはほど遠い。身振り手振りも派手すぎる。あのイギリ

ス旅券なるものを、本気で調べれば、彼がイギリスより

もっと青い空の下で生まれたのが露見したはずだ。

「飲み物は何にします?」

私はけげんそうに彼を見た。禁酒令が施行されていて、

どう見ても船は酒類を出していない。それに、私は喉が

渇いていない時は、ジンジャーエールやレモンスカッ

シュなどは、いずれも好まなかった。ところが、ケラー

ダ氏は私に謎めいた微笑を向けた。

「ハイボールでもドライ・マティーニでも、どうぞお好

みを言ってみてください」

そう言いながら、両側の尻ポケットから小瓶を一本ず

つ引っ張り出して、目の前のテーブルに置いた。私がマ

ティーニがよいと言うと、彼はボーイを呼び、氷の入っ

たタンブラーとグラスを二個持ってこさせた。

「美味しいですなあ」

「そいつが置いてあるところには、もっとたくさんあり

ますよ。船内にお知り合いがいたら、言ってくださって

結構です。世界中の酒を持っている友だちがいるって」

ケラーダ氏はよくしゃべる男だった。ニューヨークや

サンフランシスコの話をしたかと思うと、芝居や映画や

政治も話題にする。彼は愛国者なのだ。ユニオン・

ジャックはいつ見ても感銘深い国旗だけれど、それを振

り回すのが、アレクサンドリアとかベイルート出身の人

間だと、いささか威厳が落ちると思わざるをえない。ケ

ラーダ氏はなれなれしかった。私は別に気取るつもりは

ないが、赤の他人が人に話しかける時には、名前の前に

ミスターを付けるのがエチケットだと思っている。とこ

ろが、氏は、きっと私を気楽にさせようとしてのことだ

ろうが、この作法に従わない。嫌な奴だ。彼が隣に座っ

た時、トランプは片付けたのだが、もう初対面にしては

十分長く話したと思い、ペイシャンスを再開した。する

と、

「四の上に三」と氏が言った。

ペイシャンスをしている時、自分がめくった札を自分が見る前に、どこに置くべきかを言われるくらい腹立たしいことはない。

「大丈夫、大丈夫、出てくるから！　ほら、ジャックの上に十ですな」彼は大声で言った。

私は、こいついい加減にしないか、とかっとしながら、ゲームを済ませました。すると彼がトランプの束をさっと掴んだ。

「トランプ手品は好きですか？」

「いや、大嫌いです」

「じゃあ、ひとつだけ」

三つやってみせた。それから私は、食堂に行って席を取っておかなくては、と言った。

「ご心配なく。もうあなたの席は取ってあります。同室なのだから、同じテーブルがいいと思いましてね」そう言うのだった。

本当にやりきれない男だ。

船室を共有し、三度の食事を同じテーブルで取るだけでなく、その上、デッキを散歩しているとすぐに寄ってくる。すげなくあしらうのは困難だった。自分が嫌われているなどとは絶対に考えたこともない。自分が人に

会って喜んでいるのだから、相手も喜んでいるに決まっていると確信し、仮に彼を家に招待したとしても、階段の下まで蹴落とし、玄関を開け、外に追い出したとしても、自分が歓迎されざる客だとまだ気付かぬような手合いだ。誰とでも折り合いがつく男で、三日もすると船中の全員と知り合いになった。ありとあらゆることを企画した。富くじ、オークション、賞品付きスポーツ競技、輪投げやミニゴルフの試合、それに音楽会や仮装舞踏会なども、すべて彼が音頭を取った。どこへ行っても、いつでも、彼がいた。間違いなく、船内一の嫌われ者だった。だれもが彼を、直接本人に向かってさえ、物知り博士と呼んだ。それを褒め言葉などと思い込む無神経ぶりだ。が、彼が一番耐え難かったのは食事の時だった。たっぷり一時間、一人でしゃべりまくって人をうんざりさせるのだ。威勢がよく、陽気で、おしゃべりで、議論好きだった。何事でも自分が誰よりもよく知っているというふうだった。誰かに反対されると、人一倍強い虚栄心への侮辱と受け取る。どんな些細な事柄についてでも、相手が彼の考えに同意するまで、いつまでも同じことをしつこく説明する。自分がもしかすると間違っているかもしれない、という反省など、絶対にし

ない。何だって知っているんだ、という姿勢を貫いた。

私たちは、船医がホストを務めるテーブルにいた。この医者は人の話など聞いてもいなかったし、私は冷ややかに無関心を装っていたので、もしラムゼイという男さえ同席していなかったら、ケラーダ氏は邪魔されずに好き勝手にしゃべりまくっているところだった。だが、この男はこの男で、ケラーダ氏並みにひどく腹を立てていた。二人が交わす議論は苛烈で延々と続いた。

ラムゼイ氏というのは、神戸にあるアメリカ領事館員だった。中西部出のがっしりした大男で、ピンと張った皮膚の下に無駄な脂肪があり、出来合いの服を着て腹が突き出ている。ニューヨークで一年間一人暮らしをしていた妻を駆け足で迎えにきて、今は一緒に神戸に戻るところだった。ミセス・ラムゼイは小柄な可愛い女性で、感じのよい態度でユーモアのセンスもあった。領事館員の給料はあまりよくないので、夫人はいつも質素な服を着ていた。でも着こなしを心得ていたので、地味な上品さという印象を与えた。私はこの人に注意を引かれた。昔はどの女性にも見られたと思うのだが、現代女性の立ち居振る舞いからは消えてしまった、女らしさがあった

のだ。彼女を見ていると、そのつつましさに心を打たれた。上着につけた一輪の花のように光って見えた。

ある日の夕食の席で、たまたま話題が真珠の事に及んだ。新聞などで、ずる賢い日本人が作っている養殖真珠が盛んに取り上げられていたのだ。船医は、そのおかげで本物の真珠の価値がどうしても低下するだろうと言った。養殖真珠は今でもとても良質であるし、今後は完璧になるに違いない、と言うのだ。この話に、ケラーダ氏はいつものように飛びついた。そして真珠に関しての該博な知識を披露した。ラムゼイ氏が真珠について多少でも知識があったとは思えないが、ケラーダ氏を攻撃するチャンスを見逃せなかったのだ。五分もすると我々は激しい口論の渦中にいた。ケラーダ氏が激してしゃべりくるのを見たのは初めてではなかったが、これほど興奮したことはなかった。ついに、ラムゼイ氏のある発言でかっとなったケラーダ氏はテーブルを激しく叩き、大声で言った。

「いいですか！　私は口から出まかせを言っているのじゃあないんだ。話題の養殖真珠産業を調査する目的で、今日本に向かっているところなんです。この仕事をしているのだし、私が真珠に関して述べることが間違ってい

ると言う者は、業界には一人もいない。私は世界中の最高級の真珠を知っているし、私が真珠に関して知らぬことがあるとすれば、知る価値がないからだ」

これは初耳だった。ケラーダ氏はあんなにおしゃべりなのに、自分がどういう仕事をしているかは、誰にも話していなかった。何か商用で日本に行くのだと漠然と聞いているだけだった。彼は勝ち誇ったように辺りを見回した。

「私のような専門家が一目見て、養殖物だと見破れないような養殖真珠を、日本人が作り出すことはありえんな」それからミセス・ラムゼイがつけていらっしゃるネックレスを指さした。「奥さん、あなたがつけていらっしゃるネックレスは今後、一セントだって値が下がることは絶対にありません。保証します」

ミセス・ラムゼイはいつもの控え目な態度で少し顔を赤らめ、ネックレスをドレスの中に滑り込ませた。ラムゼイ氏は身を乗り出しテーブルの全員を意味ありげに見回した。目はにやっとしたようだった。

「家内のネックレス、なかなか綺麗でしょう?」

「すぐ気付きましたよ。あれこそ本物の真珠だと思いました」

「むろん、私が買ったんじゃありませんがね。値段がいくらだとあなたが思われるか、大いに興味がございますな」

「そうですなあ。業界内の取引だと一万五千ドル前後でしょう。しかし五番街で買うとなると、最高で三万ドルしたと聞いても驚きませんな」

「家内はあれを、ニューヨークを発つ前日、どこかのデパートで十八ドルで買ったのです。驚きますかな?」

ケラーダ氏は真っ赤になった。

「馬鹿なこと! 本物だというだけじゃない! あの大きさのものでは、私がこれまで見た最高の品ですよ」

「そのことで賭けませんか? 偽物だという方に私は百ドル賭けます」

「結構ですとも」

「まあ、あなた、答えがわかっているのに賭けるなんて、そんなことしてはいけませんわ」夫人は口元に微笑を軽く浮かべ、柔らかくたしなめるような口調で言った。

「賭けちゃいかんかね? これほど楽に儲けられる機会を逃したら、とんでもない愚か者だと思われるよ」

「でも、どうやって証明できますの? ケラーダさんは

間違っているという私の言葉しかないじゃありませんか」

「ネックレスを拝見させてください。もし偽物だったらすぐにそう申します。百ドルくらい損しても構いません」ケラーダ氏が言った。

「外してあげなさいな。この紳士に、好きなだけとっくりと見させてあげたらいい」

ミセス・ラムゼイはちょっと躊躇した。留め金に両手を伸ばした。

「外せないわ。ケラーダさんには、どうか私の言葉を信じて頂くしかございません」

何か不運な事態が生じそうだという疑念が突然、私の頭に浮かんだが、介入しようにも言葉が思いつかない。

ラムゼイ氏が椅子から跳び上がった。

「おれが外すよ」

ラムゼイ氏がネックレスをケラーダ氏に渡した。ケラーダ氏はポケットから拡大鏡を取り出して、仔細に調べた。すべすべした、浅黒い顔に勝利の笑みが広がった。ネックレスを返し、口を開こうとした。その瞬間、突然、夫人の顔が目に入った。真っ青で今にも気を失いそうだ。怯えたような、大きく見開いた目でこちらを凝視している。必死の訴えがこもっている。誰の目にもはっきり見

えたので、どうしてラムゼイ氏が気付かないのか不思議だった。

ケラーダ氏は口を開いたまま、言いかけた言葉をのみこんだ。顔を紅潮させた。自分を抑えるために払っている努力が、目に見えるようだった。

「私が間違っていました。とてもよくできた偽物ですよ。拡大鏡で見たらすぐ本物とは違うとわかりましたよ。十八ドルというのが、だいたいちょうどいい値段でしょう」

彼は札入れを取って、百ドル紙幣を出し、ラムゼイ氏に無言で渡した。

「いいですかな、これに懲りて、今後はあまり偉そうな口をきかないように気を付けることだね」ラムゼイ氏が紙幣を受け取って言った。

ケラーダ氏の両手が震えているのに私は気付いた。話はあっという間に船内全部に伝わり、その夜、彼はあちこちで冷やかされた。物知り博士がついに尻尾を出したというのは、愉快な冗談だった。だが、ミセス・ラムゼイだけは頭痛がすると言って船室に引きこもった。翌朝、私は起きて髭を剃り始めた。ケラーダ氏はベッドに横になり、タバコを吸っていた。突然、何かが擦れ

るような音がして、ドアの下から手紙が押し込まれた。ドアを開いて外を見た。誰もいない。手紙を拾い上げると、ケラーダ氏宛になっている。名前は活字体で書かれている。彼に渡した。

「誰からかな？」そう言いながら開封した。「おや！」

彼が封筒から出したのは、手紙でなく百ドル札だった。彼はこちらを見て、また赤くなった。封筒を細かくちぎると、切れ端を渡した。

「すみませんが、舷窓から捨ててくれませんか」

私は頼まれた通りにし、それから彼を笑顔で眺めた。

「物笑いにされるのは、誰だって嫌なものですよ」彼が言った。

「で、真珠は本物だったのですか？」

「もし私に美人の妻がいたら、自分が神戸にいる間、ニューヨークで一年一人にしておきませんよ」

その瞬間、私はケラーダ氏が必ずしも嫌いでなくなった。彼は札入れに手を伸ばし、注意深く百ドル札をしまった。

出典：岩波文庫『モーム短篇選（下）』行方昭夫編訳
「物知り博士」八〜二十頁

※著者による加筆・修正が新たに加えられています。

『物知り博士』をどう読むか

モームの『物知り博士』は、一九二五年に発表された短編で、現在は一九三六年刊行の短編集『コスモポリタン』に収められています。この短編集に収められているとても短い短編の中でも、最もよく知られた作品と言えます。

そもそも宝石の真贋をめぐる話は世界中でたくさん語られているのですが、『物知り博士』との関連では、世界中の読者になじみのあるモーパッサンの短編『首飾り』をまず考えてみましょう。モームは若い頃からこのフランスの作家を原書で愛読していまして、色々な面で影響を受けているのは彼自身認めているところです。特に短編作家としてのモームは、手法においてモーパッサンの直系だとされています。

モーパッサン『首飾り』

ここで念のために、一八八四年刊行のモーパッサンの『首飾り』を思い出してみましょう。

パリに住む小役人の若い妻マチルドは美しい人です。ある日突然大臣主催のパーティに招待されることになり、夫は派手好きな妻が喜ぶかと期待したのですが、着てゆく衣装がないというので、夫は工面して立派な服を購入します。ところがそれにマッチする装飾具がないので、妻は学生時代の富裕な友人から豪華なダイヤの首飾りを借用します。

こうして美しく装ったマチルドはパーティで多くの参加者の注目を浴び、すっかり満足して帰宅したのですが、間もなく首飾りがなくなってしまいます。どこにもないので、夫婦は多額の借金をして借りたのと同じ首飾りを買って、友人に返します。ところが借金返済のために夫婦は多くの仕事をすることになり、マチルドも急速に美しさを失っていきます。そうしたある日、彼女は裕福な友人にばったり出会います。友人はまだ若いままです。マチルドが老けた理由を聞いた友人は、首飾りは模造品で、せいぜい五百フランくらいだったのよ、と告げます。

モーパッサンは何のコメントも加えず、マチルドを突き放して描きます。虚栄心は愚かなものだとか、肉体の美は移ろいやすいとか、何も言いません。運命の皮肉をさらりと提示するだけです。

モームは『視点』（一九五八年）という文学論集に収められた「短編小説論」で『首飾り』を論じているのですが、自分の『物知り博士』の着想をそこから得たとは告白していません。しかし彼が『首飾り』を意識して『物知り博士』を書いたのは、まず間違いありません。

『首飾り』では宝石が偽物だと判明し、『物知り博士』ではその逆で偽物だと思った真珠が本物だと判明するのですが、実はモームより早くこの逆転をテーマにした作品が存在します。それはモーパッサンと同じくモームの先輩作家で、アメリカ生まれでイギリスに帰化したヘンリー・ジェイムズの『模造真珠』という一八九九年刊行の短編です。ジェイムズは自分が『首飾り』の状況を逆転させる「うまい思い付き」によって『模造真珠』を書いたと、はっきり述べています。

ジェイムズ『模造真珠』

この短編はかなり難しい英文で書かれた複雑な作品なのですが、ここでは、かいつまんで話を述べてみましょう。

イギリスの牧師の妻だったつつましい女性が亡くなり、その葬儀が義理の息子である若い男を中心に営まれます。

この妻は昔舞台女優だったからか、遺品の中に、舞台で使ったらしいたくさんの偽の宝石類があります。若い男の従妹で、故人の姪にあたる誠実で真面目な若い女性が、住み込み家庭教師として滞在しているお屋敷から休暇を取って葬儀に出席します。この娘に、息子は伯母の形見としてその宝石類の中からどれかひとつを受け取るように勧め、娘は偽物と思いつつも、大きな真珠に心を引かれて貰い受けます。

屋敷に戻った娘は、ある経緯で真珠が本物らしいと気付き、従兄に連絡しますが、彼は「もし本物だとしたら、義母が俳優時代に富裕な男の情婦だった証拠になる。貞淑だった故人を侮辱するのか」と怒ります。でも根っからのずるい男でして、結局金目当てに真珠を娘から巻き上げてしまうのです。金銭よりも伯母の思い出を大事にする娘は、辛い思いをします。心理小説家であるジェイムズはその心中を共感を込めて微妙に描いています。

さて、このジェイムズの作品についてモームは言及したことはありませんが、ジェイムズの作品一般をたびたび論じていますし、個人的にも接触があったのです。

モームは、ジェイムズ文学を高踏的なもので自分の好みに合わないと言っています。直接の影響など受けなかっ

たと彼自身は考えていますが、『模造真珠』については、むろん知っていたし、本物と偽物の逆転だけでなく、本物を密かに持ち続けていたことが、密かな愛の証であったという筋書きからも、影響なりヒントなりを受けたと推測されます。

モーパッサンとジェイムズの短編について何も知らなくても、『物知り博士』は独自に十分に面白く読める作品です。でも、先行する二つの作品のことを知れば、さらに味わいが深まるのではありませんか？

モーム 『物知り博士』

まず、主人公となるケラーダ氏はどんな男なのでしょう。国籍は、本人は正真正銘のイギリス人だと称していますが、モーム自身と重なるところの多い語り手「私」の見るところでは、東地中海沿岸の出身らしいのです。

社交好きで船中すべての人と友人になり、退屈しのぎのゲームなどを計画するのも巧みです。ただ、出しゃばりで、人の話に平気で割り込んできます。遠慮とは無縁です。どんな話題でもとくとくとしてしゃべりまくるので、「物知り博士」というあだ名を頂いたのですが、本人はこれを嫌味と取らずに、豊富な知識を褒められたなどと誤

解しているくらいにおめでたいところもあるようです。作中 "I did not like Mr. Kelada."（私はケラーダ氏が嫌いだ）という文が繰り返し現れます。

ところが、ケラーダ氏の違った面が露呈するような事件が起こるのです。船中には神戸駐在のアメリカ人の外交官とその妻がいます。一年間本国にいた妻が迎えにきた帰路なのです。妻は控えめな美しい女性ですが、夫は無神経で強情です。妻のつけていた真珠の首飾りの真贋をめぐって、この夫とケラーダ氏の間で激しい口論が始まるのです。夫は偽の安物だというのですが、ケラーダ氏は稀にみる逸品だと主張します。さらに自分は真珠を扱う貿易商であり、日本に行くのも、養殖真珠の調査が目的だと明かします。結局、両者は真贋について百ドル賭けます。妻は賭けに反対し、ニューヨークのデパートで十八ドルで買ったと言います。夫は嫌がる妻の首から首飾りをもぎ取り、ケラーダ氏に渡し、彼は虫眼鏡で仔細に調べます。

「私」はこの様子をじっと眺めていました。ケラーダ氏の顔には勝利の表情が浮かびますが、夫人の顔は真っ青になります。ケラーダ氏は勝利宣言をしようとしたのですが、その瞬間に夫人の様子に気付きます。彼女は何か

を必死で訴えています。ケラーダ氏は心中で自分自身と戦っている様子で真っ赤になりますが、しばらくすると「私が間違っていました。」とてもよくできた偽物ですが、拡大鏡で見たらすぐ本物とは違うと分かりましたよ。十八ドルというのが、だいたいちょうどいい値段でしょう」ときっぱり言います。このあたりの描写は本当にうまいですね。張りつめた空気がじかに伝わってきます。

こうしてケラーダ氏は、外交官から嘲笑されるだけでなく、船内の全員の間で、物知り博士が馬脚を現したとして物笑いの種になります。この出来事の翌朝、「私」とケラーダ氏の船室のドアの下から、一通の角封筒が差し込まれます。ケラーダ氏宛で、中には百ドル紙幣が入っているだけでした。ケラーダ氏は封筒から出した紙幣を財布にしまいながら、「もし私に美人の妻がいたら、自分が神戸にいる間、ニューヨークで一年一人にしておきませんよ」と言います。一篇の最後は、"At that moment I did not entirely dislike Mr. Kelada."（「その瞬間、私はケラーダ氏が必ずしも嫌いでなくなった」）となっています。

作者の狙い

さて、この短編でモームが意図したものは何だったのでしょうか。モーパッサンから学んだ自分が、『首飾り』の状況を逆転させた作品を書くとすれば、ジェイムズのように曖昧で複雑なものでなく、モーパッサンと同じく簡潔であり、明確な落ちのある作品が書けると誇示したかったと考えられます。もうひとつの意図は、ケラーダ氏の人間像に読者の注意を引くことでした。ケラーダ氏は偽物を本物だと見破るためのみに登場するのではありません。船中すべての人にうるさがられ、嫌われている人物が、最後になって英雄的な行為をする。自分の名誉と金を犠牲にしてまで、見ず知らずの人を救う。そんなことは、読者の日常の世間にあることでしょうか。

モームの人間観を知るには、何といっても六十四歳の時に人生、愛、宗教、文学、人間などについて、ずばりと語り尽くした回想録である『サミング・アップ』から引用するのが、一番手っ取り早いし、適切です。引用してみましょう。

私は皮肉屋だと言われてきた。人間を実際より悪者に描いていると非難されてきた。でもそんなこと

をしたつもりはない。私のしたのはただ、多くの作家が目を閉ざしているような人間の性質のいくつかを際立たせただけだ。人間を見てきて、私が最も感銘を受けたのは、首尾一貫性の欠如だと思う。首尾一貫した人など一度も見たことがない。同じ人間の中にとうてい調和できぬ諸性質が存在していて、それにもかかわらず、もっともらしい調和を生み出している事実に私は驚いてきた。

私は善人の善良さは当然視し、彼らの短所なり悪徳なりを発見すると面白がるのだ。逆に、悪人の善良さを発見した時には感動してしまって、その邪悪さに対しては、寛大な気持ちで肩をすくめるだけにしてやろうと思う。

このようにモームは人間を矛盾の塊として捉え、矛盾した面を発見しそれを暴くことに興味を持ってきました。善人と言われる人の中にしか女の肉体の魅力に負けてしまう宣教師の話、ご存じの『雨』がその典型的な例です。善人と言われる人の中に潜む悪を描くだけでなく、逆に、悪人として世間で糾罪ある女を改心させようと必死に努力するうちに、いつ

ラムゼイ夫人

矛盾した要素をあわせ持つ人物としては、この短編では主人公のケラーダ氏の他にも、外交官の妻が挙げられます。彼女は「私」が感銘を受けるほどに、しとやかで上品な女性であり、およそ不倫に走るようなタイプではありません。ところで、彼女はどうして発見される危険を冒してまで、高価な真珠の首飾りを身につけていたのでしょうか。

短編小説ですから、作者はその説明をする余裕はありません。しかし私には、事情あって別れた不倫相手への、愛情の表現であったと思えてなりません。何しろ、夫はケラーダ氏との論争に夢中で、妻の顔が青ざめたのにも気付かない鈍感な男のようですから、不倫の相手はきっと夫とは逆の感性豊かな人だったのでしょう。夫の任地

弾されている人物の中に存在する善良さをもモームは描いています。しかし、その例は多くありません。善人と尊敬されている人の悪の要素を暴く方が作家として面白いのでしょう。ケラーダ氏の人間像は、悪人というより、嫌われ者の中にあった善の要素を描いた珍しい例と言えましょう。

ます。これも、がさつに見えた男の意外な一面でした。

である日本に行くことになり、別れに際しての贈物も、どれくらい価値のあるものであるかなど、露骨に伝えていないのではないでしょうか。ケラーダ氏が三万ドルの価値があると言うのを聞いて、彼女はきっとびっくりしたでしょう。贈物の値段と愛情が比例するわけではないにしても、勝ち誇ってはしゃいでいる夫を残して、「頭痛がする」と言って早めに船室に引き上げた彼女の心は、愛人への追憶でいっぱいだったのではないかと、私は想像をたくましくします。

このような想像を促すのは、ジェイムズの『模造真珠』の影響が『物知り博士』にあると考えるからです。ジェイムズの描く牧師の妻は、貧しい生活の中でも一生真珠を手放すことなく、密かに大事にしていたのですから。

話をケラーダ氏に戻しますと、物語の最後で、紙幣を取り出した後、彼は封筒をこまかく破ってから、同室の「私」に舷窓から外に捨てるように頼んだ、と記されています。封筒には活字体でケラーダ様宛とのみ書かれていた、という記述があります。それで読者は、万一にも百ドルを返済したのが外交官の妻だと露見しないようにという、ケラーダ氏の細やかな配慮からだろうと推察でき

結論

ごく短い短編ですから、読者は自分自身の人生経験、周囲の人々についての観察、読書などから、書かれていない部分を想像で補ってよいのです。補うように期待されていると言ってもよいと思います。むろん作者が、作品のあちらこちらに鋭敏な読者なら想像を膨らましうるようなヒントを与えているからこそ、このようなことが可能なのです（読者が勝手ままに想像したり、作者に代わって創作したりするのは、行き過ぎであるのは言うまでもありませんが）。

ケラーダ氏だけでなくミセス・ラムゼイについても、外見では分からない部分があった、と私が述べると、今日の読者は言うかもしれません。「人間なんて分かったもんじゃない。誰だってどんなことだってやりかねない。人間って、そういうものですよ」と。しかし、このようなモーム的な皮肉な人間観が一般化したのは、そう古いことではありません。モームが創作活動を始めた二十世紀初頭には、英米でも、同じく日本でも、世間の人はそんな考えを受け入れていませんでした。『物知り博士』

が書かれた一九二五年といえば、日本では大正一四年で
あるのを想起して頂きたいと思います。あるいは、どう
してミセス・ラムゼイはさっさと離婚しないのかと思う
若い読者もいるかもしれませんが、一九二五年には、離
婚する人はほとんどいなかったと知ってほしいです。

『物知り博士』においてモームは、モーパッサンの『首
飾り』から着想を得、ジェイムズの『模造真珠』からも
ヒントを得て、「イギリスのモーパッサン」と評される作
家らしい、話がなめらかに展開する簡潔な物語を仕上げ、
また、密かなロマンスも織り交ぜ、さらにまた、自己の
信じる、当時まだ斬新であった独自の人間不可解説を作
品化することに成功したと、私は考えています。

MEMO

MEMO